Paul Patté

Le Cran

avec une Préface du Général Niox
et une Postface de M. Frédéric Masson
de l'Académie française.

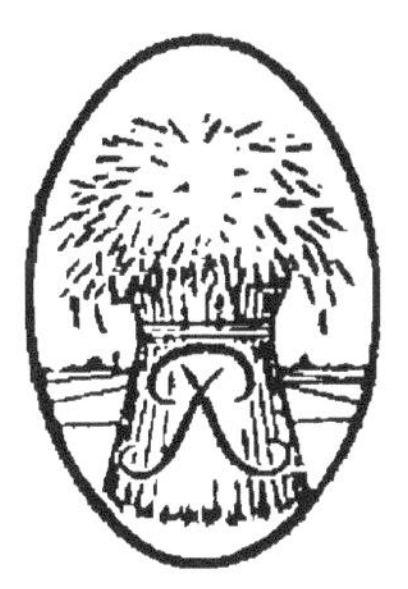

PAYOT & Cie
Paris

LE CRAN

PAUL PATTE

LE CRAN

PARIS

LIBRAIRIE PAYOT ET Cie

106, BOULEVARD ST-GERMAIN, 106

1917

Lectio sine penna somnium.

Dʳ PATTÉ

1816-1880

Vidi — Audii — Scripsi.

PAUL PATTÉ

1914-1917

A Monsieur H.-H. Harjes

Avant la décision du grand Président,

Avant le vote du Congrès des Etats-Unis,

Avant que Wilson ait dit à Viviani :

« Nous sommes frères dans la même cause »

Vous, Monsieur,

Vous fûtes, avant l'heure, notre Allié,

Opposant Fortune à Infortune,

Souffrez donc que je vous dédie ces quelques

tableaux où vous retrouverez les traits de

Celles qui, par leur malheur si noble et par

leur " cran ", vous ont ému.

PAUL PATTÉ

PRÉFACE

Paris, 20 mai 1917.

Mon cher camarade,

Dans les fonctions qui vous ont été confiées depuis la mobilisation, vous vous êtes trouvé maintes fois en présence des plus douloureuses et des plus impressionnantes situations.

En réunissant vos notes, prises au jour le jour; en y ajoutant ce que vous inspiraient votre âme de patriote et votre cœur de vieux et fier soldat, ce que vous appelez vous-même votre « cran », vous avez simplement composé un bon et beau livre, que personne ne pourra lire sans émotion, et parfois sans qu'une larme lui monte du cœur aux yeux.

Vous avez vu des enfants de 12 ans devenus, disaient-ils, chefs de famille et en remplissant tous les devoirs; des femmes en voiles de deuil, refoulant leurs larmes parce qu'une femme d'officier ne doit pas pleurer; des soldats tombant la tête haute et méritant des citations qui deviennent le plus beau titre de noblesse des familles.

Vous avez aidé, presque contre leur gré, des infortunes trop fières pour rien solliciter.

Vous vous êtes senti réconforté vous-même par tant de vaillance montrée par ceux de l'arrière, comme par ceux de l'avant, et vous nous réconfortez, nous aussi, en nous le disant.

Je vous remercie.

Dans mon serrement de main, sentez toute la cordialité d'un vieux camarade, qui vibre à l'unisson avec vous.

GÉNÉRAL NIOX.

Les Civils ?

Les Civiles ?

Présents !

Présentes !

Lisez !

LA RUÉE

LE PARDON

5 septembre 1914.

Le Gouvernement vient... d'aller à Bordeaux.

Gallieni a tous pouvoirs.

Il organise ce qui est désorganisé.

Il taille, il recoud.

Chacun à son rang, chacun à sa place, chacun à ses responsabilités.

Et puis, plus de rondecuirisme : du pratique; du téléphone; du télégraphe; de l'annonce, comme dans l'industrie.

Les Officiers disponibles ont vu leurs dossiers, leurs demandes de réintégration emportés en Gironde — et il en faut, cependant, des officiers! Une annonce lancée un soir dans les journaux; et, à l'aube, deux mille se présentent, se tassent, se ruent...

Saluons : c'est la ruée vers la mort.

*
* *

On n'a pas le temps de flâner : nous sommes quatre officiers attelés à la mobilisation des officiers.

Il ne s'agit pas de lanterner, d'attendre, de faire attendre ; la retraite de Charleroi bat son plein, mangeuse d'hommes, faucheuse d'officiers.

Les télégrammes se succèdent, invariablement pressants, invariablement sanglants dans leur laconisme :

« Envoyez 20 capitaines. »

« Envoyez 30 lieutenants. »

. . . .

— Allons, dépêchons, à qui le tour ?

— A moi.

— Vos papiers.

— Les voici.

— ......Mais, Monsieur, je regrette... je ne puis...

L'officier rougit, verdit, blêmit.

— Je vous en prie, dit-il, d'une voix pleine d'angoisse.

— Je ne puis... Vous le savez, Monsieur, la casaque ne peut recouvrir...

— Je vous en supplie, réitère-t-il.

— Vous n'ignorez pas, Monsieur, qu'un officier doit être, comme le sabre qu'il porte, droit, net. Or...

— Ecoutez-moi, au nom de votre mère !

Diable ! si vous aviez entendu le son de

cette voix, si vous aviez senti l'angoisse qui étreignait cet homme, si vous aviez vu sa face douloureuse, son front perlé de sueur, ses yeux agrandis par l'épouvante, la crainte du refus — vous eussiez fait comme moi, vous l'eussiez écouté.

— Pourquoi avez-vous été... rayé?

Il me conte la faute — récit douloureux — Et il ajoute :

— Ma mère m'a maudit... J'avais pensé que, si je tombais à l'ennemi, elle pardonnerait à ma mémoire. Croyez-moi... oh! mon Dieu, croyez-moi... J'ai commis une faute, mais ne suis cependant pas un lâche. Ne me refusez pas!... Et si, malgré ce que vous savez maintenant, vous voulez croire à ma parole... d'honneur... je vous la donne. Croyez-moi, il faut que je sois tué au feu, il faut que ma mère pardonne.

N. d. D. je me suis trouvé quelquefois dans de rudes pas, au Yun-Nan, au Siam, au Soudan... Jamais je n'ai eu aussi chaud, jamais mon cœur ne s'est serré ainsi, à bloc.

Mais le temps presse; il ne s'agit pas de lanterner, d'attendre, de faire attendre.

La retraite de Charleroi bat son plein, mangeuse d'hommes, faucheuse d'officiers.

Les télégrammes se succèdent, invariablement

pressants, invariablement sanglants dans leur laconisme :

« Envoyez 20 capitaines. »

« Envoyez 30 lieutenants. »

. . . .

Allons... je donne la feuille de service.

— Départ dans 3 jours — le temps de vous équiper.

— Oh ! merci, inutile, j'ai tout ce qu'il faut pour ce que je veux faire : ma vieille tunique, mon sabre. Si vous le voulez, je partirai demain.

Et le lendemain il partit.

Avant de le faire monter dans l'auto qui allait le jeter au front, je lui tendis la main.

Prévenant toute résistance, il la porta à ses lèvres.

Bordeaux évacué, on rerondecuirisa et l'on fulmina contre celui qui avait osé...

Mais je lus la fiche :

N***

Lieutenant.

Réintégré le 5.

Parti le 6.

Tué le 7.

. . . .

et M. Lebureau eut le geste qu'il fallait : il souleva sa calotte.

Plus tard, je vis la Mère.

Croyant que j'ignorais... ce qu'elle savait, elle me vanta son fils. Le sang avait tout lavé.

Elle restait debout, Mater Dolorosa.

« JE SUIS DE METZ »

4 septembre 1914.

Gallieni suivait de l'œil la retraite. L'âme trempée du soldat était frémissante, mais le cerveau du Chef était froid : il enfantait le plan de la bataille de l'Ourcq.

Cependant la retraite continuait, meurtrière; les effectifs fondaient, les cadres fusaient, mais aussi les officiers disponibles continuaient de se serrer, de se presser, de se ruer pour aller au front prendre rang pour la mort.

Ce matin, dès l'aube, se présente, en tenue, un officier de l'arme bleue, un commandant de l'infanterie coloniale, un géant, au poil roux, faisant songer à un robuste chêne en automne.

Toutes formalités rapidement remplies — bulletin de visite médical superlatif — il s'agit de l'affecter... 67 ans.

Le dépôt du 23° colonial lui est offert — il refuse.

Celui du 21 de l'arme — il le refuse.

Celui de la Légion — il le refuse encore.

— Que voulez-vous donc, Commandant ?

— Le front.

— Votre âge, impossible.

— Si.

— Non vraiment.

— Si, vous dis-je, je vous en prie.

— Commandant, votre élan est superbe, mais, impossible.

Le géant frémit, les veines de son cou se gonflent, sa face rougit, ses yeux se brident, une larme coule, unique, mais si grosse, si douloureuse, si émouvante ! alors que, martelant la table d'un poing furibond, il s'écrie, d'une voix où se sentent tout à la fois la fureur et l'imprécation, la demande et l'imploration :

« Vous ne pouvez pas me refuser. Ils ont tué mon fils hier ! »

Il partit — il partit pour le front.

Il partit de cette cour des Invalides d'où je vis partir tant de camarades qui font aujourd'hui cortège à Gallieni.

Sa femme l'accompagnait, déjà en longs

voiles de crêpe, le deuil du fils, jeune lieutenant de l'arme bleue, en attendant...

Et l'accolade de l'homme et de la femme fut si simple, si grande que je frissonne encore d'émotion quand j'évoque son souvenir.

— Va, dit-elle à son vieux compagnon, va et frappe !

Et l'auto s'enfuit dans le brouillard.

Je reconduisis la Femme, la Mère jusqu'à la grille. Je pus, je crois, trouver un mot pour marquer à cette fière Française ma grande admiration, mon profond respect.

— Merci, me dit-elle. Et elle ajouta simplement :

« Je suis de Metz. »

LA RUEE

— Ont-ils tenu ?
— Qui ça ?
— Les Civils.

1ᵉʳ Août. — La Mobilisation française est ordonnée.

2 Août. — Les Officiers de l'Active en congé,
Les Officiers de la Réserve,
Les Officiers de la Territoriale
ont rejoint leurs Corps.

3 Août. — Les Officiers de l'Armée Active en
retraite,
Les Officiers de la Réserve,
Les Officiers de la Territoriale
libérés de tout service militaire, donc tous
actuellement pékins, adressent en foule leurs
demandes de réintégration.

— Tiennent-ils, les Civils ?

15 Août. — Tous les hommes de l'Active,
Tous les hommes de la Réserve,
mobilisés sont à leurs Corps.

— Tiennent-ils, les Civils?

30 Août. — Retraite des Alliés sur les lignes de la Somme et de l'Oise. Premières bombes lancées par les avions allemands sur Paris. Les Parisiens et les Parisiennes se mettent aux fenêtres et courent dans les rues, pour suivre le vol des avions boches et... voir tomber les bombes.

— Tiennent-ils, les Civils?

31 Août. — Retraite des Alliés sur la Seine, sur l'Oise, sur la Haute-Meuse.
L'Armée Française se replie sur l'Aisne, la Vesle, Reims et Verdun.
Les hommes de la Territoriale ont rejoint leurs Corps.

— Tiennent-ils, les Civils?

2 Septembre. — Nouveau recul des Alliés.
3 Septembre. — Le Gouvernement français se transporte à Bordeaux. Les Anglais se retirent au sud de la Marne, entre Lagny et Signy. Les Allemands sont parvenus à Suippes, Ville-sur-Tourbe et Château-Thierry.
Déjà le canon boche, mangeur d'hommes,

déjà la mitraille allemande, faucheuse d'hommes,

ont fait rage dans les rangs, dans le corps des officiers.

Les télégrammes se succèdent, invariablement pressants, invariablement sanglants :

« Envoyez 20 capitaines. »
« Envoyez 30 lieutenants. »

Et les pékins accourent, réintègrent leur corps, rendossent la casaque.

— Tiennent-ils, les Civils?

4 Septembre. — Les Allemands occupent Senlis, Reims, Epernay. Ils passent la Meuse à Consenvoye.

Et les télégrammes se succèdent, encore invariablement pressants, invariablement sanglants dans leur laconisme :

« Envoyez 20 capitaines. »
« Envoyez 30 lieutenants. »

— Tiendront-ils, les Civils?

Hier, moins nombreux étaient les engagements; il est vrai que nombreuses sont les demandes de réintégration emportées à Bordeaux. Une note, par la voie des journaux, fait appel aux bonnes volontés.

5 Septembre. — Les Allemands prennent Pont-à-Mousson. Echec français en Alsace. L'annonce lancée hier soir a porté. Dès l'aube, des hommes se pressent, des civils se tassent, des pékins, des Parisiens se ruent...

> Ils sont deux mille.
> Ces hommes qui se pressent,
> Ces civils qui se tassent,
> Ces Parisiens qui se ruent,

Ce sont les Officiers de l'Active en retraite, Ce sont les Officiers de la Réserve libérés de tout service, Ce sont les Officiers de la Territoriale hors d'âge.

> Ce sont les Civils qui tiennent!

Tout leur est bon, Infanterie, Cavalerie, Artillerie, Génie, Train. Qu'importe! Ils en veulent. Et si vous voulez faire luire les yeux, faire rougir les faces de ces hommes, proposez-leur un Dépôt.

— Un Dépôt! A moi?

— Le Front, je veux me battre!

. . . .

Et ils partirent, les civils... ils partirent tous : de tous poils, de tous âges.

Oui, ils ont tenu, ces civils, ces civils de tous âges.

— De tous âges ?

Cette question me rappelle aujourd'hui une scène vécue naguère en Côte d'Ivoire.

Inspectant un bataillon de Soudanais à l'effectif de 600 hommes, je témoignais mon étonnement de ne pas voir un seul ruban jaune sur les casaques. Et pourtant, que d'héroïsme déployé! Je le savais.

— Oui, me dit leur chef; mais le Maroc bat son plein, Saint-Etienne ne saurait travailler pour nous.... Et cependant... Voulez-vous voir ?

Que les hommes qui ont cinq blessures sortent!

Et 250 hommes firent trois pas en avant, puis, sur un ordre, se retirèrent.

Même manœuvre successivement pour ceux atteints de quatre, trois, deux et une blessure. Il ne resta sur les rangs que quatre hommes.

— Sans doute des malins, qui ont su se défiler ?

— N'en croyez rien. Ces quatre hommes sont les plus braves du bataillon.

Et, quand le chef me montra leurs états de services, j'y vis plusieurs glorieuses citations.

Et, ce jour-là, j'avais ajouté... (je retrouve cette note au carnet de route de 1911) :

« Ce qui manifeste d'une éclatante façon le parti que nous pouvons tirer de la race désormais sous notre tutelle dans l'Afrique occidentale, c'est le mérite des troupes noires formées par nos instructeurs... La France sait aujourd'hui qu'elle a une grande réserve... qui lui fournirait, au besoin, le concours le plus dévoué... »

Oui, simple question de couleur, simple question de climat. Mais il y a analogie.

Il me semble entendre le commandant Noguès appelant les hommes à cinq blessures, quand je compte les engagés partis les premiers jours.

En omettant les jeunes de 35 à 50 ans, je trouve :

Lieutenants de 50 à 60 ans	174
de 61 à 70 ans	30

Ont-ils tenu, les Civils?

Et les Capitaines :

de 50 à 60 ans	62
de 61 à 70 ans	35
de 73 ans	1

Ils tiennent, les Civils!

Commandants de 50 à 70 ans	25
de 72 ans	1
Colonels de 50 à 70 ans	1

Ah! les braves gens!

Ils tenaient. — Ils tiennent. — Ils tiendront. J'entends un sceptique.

. . . .

— D'abord les tués! Découvrez-vous, sceptique.

J. O., 16. 1. 15, p. 243. O/ du 23-12-14.

« Appert Frey, Capitaine au 124ᵉ Régi-
« ment d'Infanterie, a fait preuve de courage,
« d'abnégation et du mépris le plus absolu de la
« mort. A brillamment enlevé sa compagnie à la
« baïonnette à l'attaque d'un village et l'a portée
« jusque sur les positions ennemies. A été mor-
« tellement frappé à la tête, le 11 décembre, par
« une balle ennemie, au moment où il se tenait
« debout, pour mieux observer à la jumelle les
« tranchées allemandes, tandis que ses hommes
« creusaient une tranchée avancée à faible dis-
« tance de ces derniers. »

Saluez!

J. O., 31. 5. 15, p. 3488. O/ du 24-4-15.

« Beslay (Maurice), Lieutenant au 1er Ré-
« giment de Génie. C 4/7 : le 15 avril, à l'atta-
« que des tranchées, parti en tête de son déta-
« chement, est arrivé un des premiers dans le
« boyau ennemi. A fait exécuter, avec le plus
« grand sang-froid, les travaux de barrage et de
« défense, malgré un violent bombardement et
« l'explosion de deux fourneaux ennemis. »

2e Citation. *J. O.*, 31. 7. 15, p. 5253.

« Lieutenant territorial à la Cie 4/7 du
« Génie. Officier très audacieux qui s'est com-
« porté en toutes circonstances avec une bra-
« voure et un entrain magnifiques. A maintenu
« sa section au travail pendant trois nuits consé-
« cutives, dans des circonstances très difficiles,
« sur un plateau soumis à un bombardement in-
« tense. *Tué le 29 mai.* »

Saluez !

J. O., 11. 6. 15, p. 3795. O/ du 11. 5. 15.

« Collard, Georges, Sous-Lieutenant de ré-
« serve au 271e Régiment d'Infanterie. D'un
« courage et d'une bravoure poussés jusqu'à

« d'héroïsme, toujours le premier aux postes les
« plus périlleux. A été tué le *3 mai*, en s'élançant,
« à la tête de sa section, pour occuper les débris
« d'une tranchée que les Allemands venaient de
« faire sauter. »

Saluez !

J. O. du 15. 4. 15, p. 2228.

« Ecorcheville, Jules, Lieutenant au 130ᵉ
« Régiment d'Infanterie, blessé le 23 septembre,
« cité à l'ordre du Corps d'Armée. A l'attaque
« d'un village, a donné en toutes circonstances
« l'exemple de la bravoure et du sang-froid. Est
« tombé mortellement blessé à la tête de sa
« Compagnie, à l'avant d'une tranchée allemande,
« en criant à ses hommes : « En avant! Faites
« votre devoir. »

Saluez !

« Hist, Jacques, Charles, François, Lieute-
« nant-Colonel au 263ᵉ Régiment d'Infanterie.
« Ayant repris du service à l'âge de 61 ans, s'est
« constamment signalé dans le commandement
« d'un Régiment par son sang-froid et son mé-
« pris du danger. Est tombé mortellement frappé
« au moment où, après une reconnaissance exé-

« cutée sous un feu des plus violents, il achevait
« de donner ses ordres en vue de l'attaque. »

Saluez !

Ils ont tenu ceux-là... quand même, jusqu'au bout.

Passons, il y a trop de tombes...

Passons en saluant !

Halte ! Ceux-ci ne sont pas morts, mais ce n'est pas leur faute.

J. O., 10. 6. 15 p. 3763. O/ du 10-5-15.

« Bernel, 64 ans, Lieutenant-Colonel, Com-
« mandant le 94ᵉ Régiment Territorial d'Infan-
« terie : chargé de la défense des tranchées de
« première ligne, n'a cessé de donner à son régi-
« ment l'exemple du courage et du dévouement
« le plus absolu, jusqu'au jour où, arrivé *à la*
« *limite de ses forces*, après huit mois de cam-
« pagne, il a été contraint de demander un autre
« poste. »

Clairons ! Sonnez !

J. O., du 14-8-15.

« Brisach, 62 ans, Capitaine au 130ᵉ Régi-
« ment d'Infanterie, délié de toute obligation

« militaire, a repris du service pour la durée de
« la guerre, malgré ses 62 ans, a fait preuve de
« beaucoup de bravoure, de l'entrain et de l'en-
« durance d'un jeune homme. Blessé le 23 sep-
« tembre 1914, a été amputé de la jambe droite.
« A été cité à l'ordre du corps d'Armée. »

Clairons! Sonnez!

J. O., 19-2-15, p. 850.

« Chatelier, Lieutenant au 246ᵉ Régiment
« d'Infanterie, nommé chevalier de la Légion
« d'Honneur.

« Versé le 15 septembre dans l'armée ter-
« ritoriale, s'est aussitôt fait remarquer par ses
« hautes qualités militaires. A commandé près
« de deux mois son *bataillon* et s'en est acquitté
« d'une manière parfaite et qui avait lieu de sur-
« prendre chez un officier aussi peu familiarisé
« avec le service. Dans ce court espace de temps,
« avait pris le plus grand ascendant sur tous ses
« subordonnés, auxquels il inspirait la plus entière
« confiance. Blessé grièvement en donnant une
« nouvelle preuve de son énergie et de sa bra-
« voure calme et inébranlable. »

Clairons! Sonnez!

J. O., 31-1-15, **p.** 5l6.

« Cottin de Melleville, 58 ans, Lieutenant-
« Colonel. Etant en retraite, a demandé à repren-
« dre du service. A fait preuve, depuis le début
« de la campagne, d'un dévouement absolu et
« d'une bravoure remarquable, donnant l'exem-
« ple à tout le monde. »

Clairons! Sonnez!

J. O., 7-9-15, p. 6291.

« Coipel, 59 ans, Chef de Bataillon au
« 133ᵉ Régiment d'Infanterie. Officier superbe
« d'énergie et d'entrain, d'une activité inlassable;
« du 21 au 24 juin, par son coup d'œil et ses
« brillantes qualités militaires, a su déloger l'en-
« nemi qui lui était opposé de toutes les positions
« qu'il occupait et s'installer solidement à sa
« place. »

Clairons! Sonnez!

« De Douglas, Georges, Capitaine promu
« Chef de Bataillon, 47ᵉ Bataillon Chasseurs.
« Chevalier de la Légion d'Honneur. Pendant
« la journée du 13 janvier, s'est particulièrement
« distingué par le calme, l'énergie et le sang-froid.
« A fait exécuter avec beaucoup d'ordre le repli

« de son bataillon, pour venir former un barrage
« au N. et à l'E. d'un village, ce qui a empêché
« l'ennemi d'y pénétrer. »

J. O., 31-8-15, p. 6109. O/ du 5-7-15.

« Chef de bataillon, Commandant le 11°
« Bataillon de Chasseurs. A fait preuve, dans
« l'organisation d'un secteur d'attaque, de bril-
« lantes qualités de commandement; puis, ayant
« pris la direction des opérations, a réalisé avec
« sa troupe une importante progression, complé-
« tant ainsi l'investissement et l'objectif indiqué.
« Beau chef et beau soldat. »

Clairons! Sonnez!

J. O., 3-9-15.

« Gallopeau, 46 ans, Lieutenant de Tirail-
« leurs. Officier de Cavalerie qui a demandé à
« servir dans l'Infanterie. S'est distingué en éta-
« blissant dans son secteur des croquis de pers-
« pective, qu'il a faits en rampant en avant des
« lignes. Très brave, véritable soldat d'élite. A su
« se faire aimer de ses tirailleurs, qu'il a enthou-
« siasmés en restant, le 28 juillet 1915, impassible
« devant une torpille tombée à quelques mètres

« de lui. Blessé au ventre et à la cuisse, a refusé
« de se laisser évacuer avant la relève normale. »

Clairons! Sonnez!

J. O., 14-7-15, p. 4763.

« De Nadaillac, 69 ans, Commandeur de
« la Légion d'Honneur. Colonel, commande une
« brigade depuis fin septembre 1914. N'a cessé
« de donner les preuves du plus bel entrain, de la
« plus solide endurance et du plus grand cou-
« rage. Bien qu'âgé de 69 ans, n'a pas hésité à
« reprendre du service et a apporté dans l'exer-
« cice de son Commandement, en station et en
« marche, au combat et aux tranchées, une éner-
« gie, une compétence, une activité inlassables,
« donnant ainsi un bel exemple de dévouement au
« devoir et de patriotisme. (Croix de Guerre.) »

Fanfare des Chasseurs! Sonnez la *Sidi Brahim!*

Sont-ils dignes des Grands Ancêtres, tous
ceux-là? Ou plutôt, ce flamboyant présent n'est-il
pas la continuation même de notre passé sans
tache, avec le même héroïsme traditionnel et des
vertus guerrières identiques?

Un poète scandinave a dit :

« *L'homme n'est jamais seul; il est rempli*
« *du souvenir des morts dont la vie se perpétue*
« *en lui.* »

Eh bien ! nos fiers aïeux revivent en nous, dans notre invincible ardeur d'antique nation généreuse, toujours prête au sacrifice et à l'action, en tous temps, à toutes les époques, quelle que soit la couleur du drapeau — monarchique ou révolutionnaire — dont les plis claquent au vent.

La mort n'a point séparé les ancêtres de leurs descendants. C'est toujours la Race Française qui écrit en lettres de sang sa magnifique histoire : c'est *la Race.*

LA RACE

LE CRAN D'AUTREFOIS

A l'heure émouvante et superbe où nous vivons, alors que les armées françaises sont un objet d'admiration pour le monde entier et que le « cran » français sert de modèle et de stimulant à tous les peuples libres ou qui aspirent à conquérir la liberté, il est bon de jeter un regard en arrière.

Un coup d'œil rétrospectif nous montrera notre race, à travers les âges, les luttes, les épreuves, demeurant chevaleresque et généreuse entre toutes; — race tour à tour entreprenante et résistante, enthousiaste et résignée, idéaliste et positive, ardente et réfléchie, affirmant sa vitalité aux moments mêmes où on la disait expirante, étonnant l'univers par ses relèvements rapides; — race impérissable et rayonnante, enfin, comme les principes qu'elle incarne, sème et répand partout: l'héroïsme, la bienfaisance, l'humanité, la liberté, le droit et l'honneur.

L'exemple du passé doit expliquer les gran-

des choses du présent et inspirer une foi profonde
en l'avenir. Rappelons-nous ce que furent nos
pères : cela nous donnera la robuste confiance dans
ce que nous sommes, et la claire vision de nos
belles destinées.

*
* *

La vieille Gaule fut la terre des braves. Nos
aïeux faisaient retentir l'ancien monde du bruit de
leurs exploits. Une partie de l'Europe leur appar-
tenait. Ils étendaient leur empire des brumes de la
Grande-Bretagne jusqu'aux montagnes bleues de
l'Asie Mineure, appelée, de leur nom, Galatie;
ils avaient l'Ibérie (aujourd'hui l'Espagne), les
deux tiers de l'Italie, ou Gaule Cisalpine, la Bo-
hême, la vallée du Danube; mais ils ne surent pas
organiser et unifier ces vastes possessions, qu'ils
perdirent parce qu'elles étaient divisées par pièces
et par morceaux. Il fallut pourtant deux siècles
environ pour que Rome, arrivée au faîte de la
puissance militaire, les dépouillât de leurs belles
conquêtes et finît par les dominer dans leur pays
d'origine. Rome républicaine, guerrière, invincible, ne fut prise que par les Gaulois; seuls ils
surent inspirer une terreur panique aux intrépides
légions. Annibal gagna des batailles grâce à l'ap-

point des impétueuses phalanges Cisalpines. Les deux plus grands hommes de guerre de l'histoire, César et Napoléon, doivent aux Gaulois leur renommée : le premier, pour les avoir soumis, au milieu de dangers et au prix de travaux énormes; le second, pour les avoir conduits à de prestigieuses victoires.

Ces Gaulois, que les anciens appelaient, avec une respectueuse admiration, « le peuple qui n'a pas peur de la mort », faisaient gaiement la guerre, allaient au combat comme à une fête, riaient d'une terrible façon sur les champs de carnage. « Nous ne craignons rien, disaient-ils, si ce n'est la chute du ciel! » Les premiers rangs de leurs guerriers étaient nus, et cette audace extraordinaire répandait l'effroi chez leurs ennemis. Leur fureur redoutable pendant la lutte faisait place ensuite à une clémence, à une bonne humeur, à une humanité surprenantes. On les craignait, on ne pouvait les haïr : c'étaient déjà des Français.

Après le long sommeil qui marqua la caducité du monde antique et qu'on nomma « la paix romaine », sous les empereurs, il y eut un réveil effroyable, dans le tumulte de l'invasion des Barbares — celle du cinquième siècle, moins sauvage pourtant que celle du vingtième. Alors notre vieille race gauloise reçoit des éléments nouveaux : les Francs s'établissent en Gaule, où ils ne tardent pas à se fondre avec la population, et ils donnent au pays le nom qu'il a gardé, ce nom doux et sacré de France, en qui se résument nos amours et nos joies, nos aspirations et nos fiertés, nos douleurs et nos espérances.

— C'est là que se déroulent les plus grandes pages de l'histoire. Le sort du monde se décide en d'immenses batailles. Dans les plaines de Châlons (les Champs Catalauniques), l'Europe et l'Asie se disputent l'empire, et l'Asie est battue avec le Hun Attila et ses hordes farouches qu'ont surpassées en horreurs les légions infernales de Guillaume II. Dans les landes de Vouillé, près de Poitiers, la lutte est entre le christianisme, que défend le Franc Clovis, et l'arianisme, qui succombe avec le Wisigoth Alaric. Puis, dans la même région, deux siècles plus tard, le christianisme arrache l'Europe au mahométisme, le Franc Charles Martel écrase les innombrables escadrons du Sarrazin Abdérame qui couraient à la conquête de l'Occident, et la civilisation est sauvée.

Ce fut donc sur notre sol, dans des chocs

gigantesques auxquels prirent part des hommes de notre race, que l'avenir de l'humanité fut sauvegardé, au prix de flots de sang qui arrosèrent nos sillons et firent germer la semence de longues générations de héros.

La même destinée nous a fait refouler et briser, en septembre 1914, la moderne et dernière invasion des Barbares, sur la Marne — dans les mêmes parages fatidiques qui virent la déroute du premier Attila.

*
* *

L'époque chevaleresque nous appartient. Les preux légendaires, les Olivier, les Roland, les Renaud de Montauban, qui dominent même les guerriers d'Homère, sont des pàladins français, et nos annales s'enrichissent de l'épopée carlovingienne. Une autre infusion de sang se produit avec les Normands, qui se mélangent avec les Gallo-Francs de la Basse-Seine, de l'Eure, de l'Orne, riches vallées d'où partent bientôt de hardis conquérants : Guillaume le Bâtard qui s'empare de l'Angleterre ; Robert Guiscard qui prend les deux Siciles ; Bohémond et Tancrède qui règnent à Antioche.

De cet amalgame de Gaulois, de Romains, de

Francs, de Normands, s'est formée la nationalité française. Elle renferme, par conséquent, tout ce qu'il y a de hardi, de valeureux, de triomphant dans les âges passés. Le fond est essentiellement gaulois : les autres éléments n'ont apporté que des nuances, qui ont enrichi le coloris de la race. Il en est résulté la nation qui a été capable de résumer en elle tout un cycle de l'histoire et d'accomplir les plus hautes actions humaines. On exprimait cette vérité magnifique, au moyen âge, en disant que l'œuvre de Dieu se manifestait par les prouesses françaises : « *Gesta Dei per Francos!* »

Et, en effet, la France se place et se maintient à la tête de la chrétienté, ou, pour parler d'une manière plus moderne, à la tête des peuples civilisés, depuis le temps presque fabuleux de Charlemagne et de ses pairs jusqu'à nos jours, où, après une éclipse passagère, le soleil de la patrie a repris son fulgurant éclat. Elle conduit l'Occident à la conquête de l'Orient pendant les merveilleuses croisades et fournit alors une admirable floraison de chevaliers, de preux, d'apôtres armés du glaive, d'aventuriers magnanimes et de grands capitaines. Et pendant que la fleur de la noblesse suivait en Terre Sainte les Godefroy de Bouillon, les Raymond de Toulouse, les Baudouin de

Boulogne, les Montferrat, on voyait s'organiser en France, dans les communes, les gens du peuple, ceux qui descendaient le plus directement des ancêtres gaulois et qui devaient constituer le plus solide sédiment national. Ces guerriers des communes reçurent le baptême de gloire à Bouvines, avec le roi Philippe-Auguste. Ils taillèrent en pièces les lourds bataillons germaniques, qui avaient déjà la prétention de s'emparer de notre pays. Ce premier choc — cette première manche — entre Français et Allemands, fut pour notre ennemi héréditaire une telle défaite, que notre frontière de l'Est resta pendant plusieurs siècles à l'abri des incursions teutonnes. C'est ici le lieu de répéter le proverbe : Qui commence bien, finit bien. A Bouvines, nous avons bien commencé : nous saurons maintenant bien finir...

Après la période des romans de chevalerie, après les aventures épiques des Croisades, après l'époque prospère où notre nationalité, toujours grandissante, prend sa forme définitive et s'affirme par des victoires françaises, telles que Taillebourg et Bouvines, nous entrons tout-à-coup dans une phase ténébreuse et funeste, où nous sommes menacés de sombrer corps et biens, liberté et patrie. Les descendants de ces Normands de France qui avaient conquis l'Angleterre et façonné la société anglaise — dont le fond est celtique — presque à l'image de la nôtre, s'avisèrent de réclamer la possession de leur pays d'origine. Le roi d'Angleterre, invoquant un prétexte dynastique, débarqua en France avec une armée savamment aguerrie, fort en progrès sur nos milices féodales d'alors, que leur imprudente bravoure desservit plutôt qu'elle ne les soutint. A Crécy, à Poitiers, à Azincourt, dates que nous croyions encore, il y a quarante-sept ans, devoir être les plus tristes de notre histoire, notre pays mal gouverné, trahi, livré à l'anarchie féodale, descendit les degrés qui mènent à la servitude. Les noms de guerriers tels que Beaumanoir, le grand Ferré et Duguesclin jettent une lueur de gloire sur d'aussi sombres souvenirs. Mais la France, perdue par la noblesse, par les grands, fut sauvée par les petits, par le peuple dont l'âme simple et sublime s'incarna dans l'idéale figure de Jeanne d'Arc, la bonne Lorraine, la fille des champs, la Française qui accomplit des miracles par sa foi dans la patrie. Ah! combien elle est impressionnante l'histoire de cette rude époque, de ces sinistres jours où nos déplorables discordes et des trahisons qui devaient, hélas! se reproduire quatre siècles et demi plus tard, mirent la France au bord de l'abîme! Et si l'on éprouve à cette lecture un bien terrible serrement de cœur, une rétrospective angoisse qui ravive des douleurs plus récentes, on sent aussi une fierté, une joie indicibles, quand on assiste au relèvement du pays, qui, réveillé par la voix de la pure héroïne, se dresse et chasse l'envahisseur. Et l'on pense que nul autre peuple n'a eu notre vitalité, notre âme, notre force, qui se sont un jour incorporées dans une céleste créature, symbole sans tache de la plus noble des nations! Jeanne d'Arc a existé parce que la France ne pouvait pas, ne devait pas périr, parce que c'est une nation immortelle et que jamais, dans les plus pénibles épreuves, il ne faut qu'elle perde l'espérance!

Et quand la France s'est retrouvée, quelle superbe éclosion d'hommes de guerre, les Dunois, les Lahire, les Xaintrailles, dont les noms lumineux et la franche popularité bravent la poussière des siècles! Puis, l'indépendance nationale une fois reconquise, voilà le roman chevaleresque qui recommence, avec les guerres d'Italie, avec

Bayard, sans peur et sans reproche, avec le roi chevalier qui, fait prisonnier à Pavie, écrivait : «Tout est perdu fors l'honneur!» et La Trémoille et Gaston de Foix et Louis d'Ars, noms brillants comme des étoiles dans le ciel des braves! Seul contre une armée, Bayard défend quelque temps un poste et donne l'exemple, qui n'est pas isolé dans nos annales militaires, d'une valeur plus qu'humaine, inspirant à l'adversaire un mélange d'admiration et de stupeur.

Voici la pléiade des compagnons d'Henri IV : les Sully, les Crillon, les d'Aumont, les Lesdiguières, les La Noue, les Biron, et tant d'autres qui continuèrent nos glorieuses traditions et furent l'orgueil et la joie de la patrie, arrachée aux horreurs des guerres civiles et religieuses. Parlerai-je des guerres du siècle de Louis XIV, des Condé, des Turenne qui rendirent une première fois l'Alsace à la mère-patrie, et des Luxembourg, des Vendôme, des Villars, qui, par leur génie, leur bravoure que secondait si bien l'intrépidité de leurs soldats, permirent à la France de supporter seule victorieusement l'assaut de toutes les armées de l'Europe! Je ne citerai qu'un trait de cette histoire si connue, car il est caractéristique de la valeur de notre race.

C'était en 1664. Notre rivale, notre ennemie deux fois séculaire, la maison d'Autriche était menacée par les Turcs, dont les redoutables janissaires occupaient déjà la Hongrie et étaient aux portes de Vienne. L'empereur d'Autriche, qui alors était aussi empereur d'Allemagne, Léopold, dans son effroi, s'humilia jusqu'à demander secours au roi de France. Celui-ci, généreusement, lui offrit soixante mille hommes, car c'était la croix chrétienne qui était en cause contre le croissant. Léopold refusa un concours aussi considérable qui l'aurait trop rendu l'obligé de Louis XIV; il accepta six mille Français et six mille Allemands de l'alliance du Rhin.

Une grande bataille eut lieu près du Saint Gothard, sur les bords de la rivière de Raab. L'armée turque, très disciplinée, très solide, très nombreuse et habituée à la victoire, mit en pleine déroute les troupes autrichiennes, puis la réserve allemande. Le grand vizir était de joyeuse humeur; il envoyait des coureurs au Sultan pour lui annoncer son triomphe, qui était complet. Les six mille Français n'avaient pas encore donné.

Tout-à-coup, le grand vizir vit déboucher sur le champ de bataille, encombré par les fuyards allemands, de brillants escadrons tout enrubannés comme pour un carrousel : les cavaliers avaient de beaux habits galonnés et des chevelures flottantes, poudrées. à la maréchale. C'étaient nos mousquetaires, c'était la jeune noblesse française qui entrait en ligne.

Le grand vizir éclata de rire et s'écria :

— Quelles sont ces belles jeunes filles que le vaincu nous envoie, sans doute pour désarmer notre colère ?

Mais il changea bientôt de langage, car les « jeunes filles », se précipitant avec une ardeur irrésistible sur les janissaires, les forcèrent à reculer, rallièrent les fuyards teutons et, par une charge furieuse, endiablée, précipitèrent l'armée turque stupéfaite dans le Raab!

Six mille Français avaient anéanti, à la fin de la bataille, toute une armée turque victorieuse. Après de tels exploits, on comprend l'universel respect qui s'est attaché au nom du soldat français.

Cette bataille du Gothard est bien un des faits d'armes les plus extraordinaires de l'histoire. Mais il faudrait plusieurs volumes comme celui-ci pour dire seulement ce qu'il y eut de plus remarquable, au point de vue militaire, dans ce siècle de Louis XIV, dont nous devons chérir la mémoire autant pour la gloire de nos armes que pour celle des arts et des lettres.

Le brave Fabert, le premier maréchal plébéien, par son seul mérite, après s'être enrôlé comme volontaire, arriva à la plus haute dignité, malgré les préjugés nobiliaires de l'époque. Nommé gouverneur de Sedan, il fit exécuter à ses frais de nombreux travaux de fortification, et répondit à ceux qui lui reprochaient d'avoir ainsi sacrifié les intérêts pécuniaires de sa famille : « Si pour empêcher qu'une place que le roi m'a confiée ne tombât entre les mains de l'ennemi, il me fallait mettre à une brèche ma personne, ma famille et mon bien, je n'hésiterais pas un instant. »

Ces belles paroles, prononcées à Sedan en 1658, auraient dû avoir un écho deux siècles plus tard, auprès de ceux qui livrèrent à l'ennemi nos places de l'Est et qui ont, par ce crime, rendu si douloureux à nos âmes françaises les noms, glorieux jusque-là, de Sedan et de Metz! Honorons notre race dans le souvenir d'hommes comme Fabert!

Et Vauban, le maréchal patriote, né le plus pauvre gentilhomme du royaume, dont la biographie se résume ainsi : il a fait réparer 300 places fortes anciennes, en a fait construire 33 neuves;

il a conduit 53 sièges et s'est trouvé en personne à 143 engagements de vigueur. On avait ces deux dictons dans l'Armée : « Ville fortifiée par Vauban, ville imprenable. — Ville assiégée par Vauban, ville prise. »

Et le sergent Lafleur, qui, surpris avec vingt-cinq hommes par deux cents Hollandais, met ses adversaires en déroute et en fait la plupart prisonniers !

(Voilà un fait d'armes qui s'est renouvelé plus d'une fois au cours de la guerre actuelle.)

Et les marins Jean-Bart et Duguay-Trouin, dont le nom seul donnait la chair de poule à leurs adversaires ! Et Boufflers au siège de Lille ! Et la patriotique audace de Villars qui sauva la France à Denain ! Quelles histoires, quelles guerres faites à la Française, loyalement, superbement, avec un parfum de courtoisie, une allure chevaleresque, un stoïque amour de la patrie, auquel se mêlait ce généreux sentiment de la dignité humaine qui distingue les vraies armées des hordes de pillards envahisseurs ! Comme les qualités de notre race y brillent d'un pur éclat! Ces souvenirs forment un frappant contraste avec la manière de faire la guerre, telle que nous l'avons vu pratiquer il y a quarante-sept ans et qu'elle est encore pratiquée aujourd'hui plus que jamais, par une brutale avalanche de multitudes barbares qui bombardent les hôpitaux et les musées, les monuments historiques, les palais et les cathédrales, détroussent les habitants, fusillent les citoyens inoffensifs et désarmés, et exercent leur fureur contre les malades, les vieillards, les femmes et les enfants!...

Qu'elle semble loin, à présent, cette époque où l'on guerroyait noblement, comme à Fontenoy, une autre victoire bien française, où l'on échangeait des saluts en même temps que des balles! C'était alors qu'on voyait le sergent Va-de-Bon-Cœur défendre seul, avec quelques éclopés, contre une armée piémontaise, l'hôpital de Castel-Alfieri, et obtenir une capitulation avec les honneurs de la guerre, faisant sortir, libres, les assiégés, les uns couchés sur des brancards ou des charrettes, les autres se soutenant mutuellement pour ne pas choir, et précédés par un tambour qui, un bras en écharpe, et appuyé sur une béquille, battait gaillardement la caisse!

L'héroïsme des Chevert, des Villaudrens, des d'Assas, montrait la valeur de nos armées du dix-huitième siècle, qu'un mauvais commandement conduisit parfois à la défaite, mais qui avaient déjà en elles l'étoffe des vainqueurs de l'Europe et faisaient prévoir les prodiges de la période républicaine et napoléonienne.

La révolution de 1789 fut, avant tout, nationale. C'est la vieille race gauloise qui, arrivée par un labeur de plusieurs siècles à reprendre possession d'elle-même, balaie les derniers débris de la féodalité gothique et, le jour de la fête solennelle de la Fédération, au Champ de Mars, consacre son unité par la fraternisation de toutes les provinces.

L'Alsace et la Lorraine se fédérèrent aux autres pays de France en cette sublime journée du 14 juillet 1790, et leur inviolable serment de fidélité à la patrie française ne saurait être effacé par l'éphémère outrage d'un spoliateur étranger.

Voilà le point culminant de l'évolution de notre Race. A ce moment superbe, l'unification matérielle et morale de la France est à jamais accomplie. Il n'y a plus qu'une même âme — la vieille âme des ancêtres rajeunie par la civilisation — qui vibre du Rhin à l'Océan, de la Manche à la Méditerranée, des Pyrénées aux Alpes, dans un même enthousiasme pour la Patrie commune et la liberté. Cette union sacrée devait se reproduire devant la ruée de l'ennemi héréditaire, en août 1914.

Aussi toutes les puissantes vertus, le dévouement, l'héroïsme, la grandeur des affections, l'humanité, coulent à pleins bords, et la race française,
pour défendre son sol, ses nouvelles institutions et
ses idées, produit des armées comme on n'en avait
jamais vu dans l'histoire des hommes. Ici, la prose
est presque impuissante à exprimer l'admiration.
Un grand poète, Victor Hugo, en songeant aux
héros de l'épopée révolutionnaire, s'est écrié, dans
des strophes splendides :

Au levant, au couchant, partout, au sud, au pôle,
Avec de vieux fusils sonnant sur leur épaule,
Passant torrents et monts,
Sans repos, sans sommeil, coudes percés, sans vivres,
Ils allaient, fiers, joyeux, et soufflant dans des cuivres
Ainsi que des démons.

La liberté sublime emplissait leurs pensées.
Flottes prises d'assaut, frontières effacées
Sous leur pas souverain,
O France, tous les jours c'était quelque prodige,
Chocs, rencontres, combats; et Joubert sur l'Adige,
Et Marceau sur le Rhin!

On battait l'avant-garde, on culbutait le centre;
Dans la pluie et la neige et de l'eau jusqu'au ventre,
On allait en avant!

Et l'un offrait la paix, et l'autre ouvrait ses portes,
Et les Trônes, roulant comme des feuilles mortes,
  Se dispersaient au vent...

La Révolution leur criait : Volontaires!
Mourez pour délivrer tous les peuples vos frères!
  Contents, ils disaient: Oui.
— Allez, mes vieux soldats, mes généraux imberbes! —
Et l'on voyait marcher ces va-nu-pieds superbes
  Sur le monde ébloui!

Est-il besoin de rappeler ces fastes militaires, uniques au monde, ces vingt années de luttes pendant lesquelles le drapeau tricolore fut promené triomphalement dans toute l'Europe et flotta sur toutes les capitales, portant dans ses plis toute une ère nouvelle de civilisation, de justice, d'affranchissement pour la pensée et pour les institutions humaines, et devint le glorieux symbole des droits de l'homme et du citoyen? La Grande Armée représentera toujours l'idéal des vertus guerrières : à ces soldats français, arrivés au comble de la perfection militaire, faisant resplendir en eux l'âme de leur race, conduits par le plus grand capitaine de tous les siècles, rien ne peut être comparé, si ce n'est les admirables armées de leurs descendants qui, commandées par Joffre, Castelnau, Pétain,

Foch, Fayolle, Franchet d'Esperey ont dominé la formidable machine teutonique.

Autour de Bonaparte, que de généraux qui égalent les plus belles renommées militaires de tous les temps : Kléber, Augereau, Masséna, Lannes, Davoust, Soult, Suchet, Ney, Murat, Gouvion-Saint-Cyr, Bessières, Sérurier, Drouot, Valhubert, Desaix, Latour-Maubourg, Macdonald, Lobau, Brune, Beauharnais, Berthier, Lefèvre, Mortier, Rampon ! Chacun de ces noms étoilés rappelle vingt victoires ! Et ces héros, dont nous connaissons la vie, réelle quoique d'apparence fabuleuse, ont accompli plus d'exploits que les personnages légendaires dont l'imagination des poètes a orné les romans et les épopées. Lorsqu'on parle de ces hommes extraordinaires, quelque enthousiasme qu'on y mette, il faut craindre d'être, non pas au-dessus, mais au-dessous de la réalité, devenue prodigieuse.

Leurs devanciers, les Hoche, les Marceau, les Jourdan, les Carnot, ceux qui avaient à la fois sauvé la République et la France et avaient préparé le champ fameux où devait se dérouler l'épopée napoléonienne, ont laissé un souvenir rayonnant de patriotisme et de civisme ; soldats et citoyens, ils servaient avec une simplicité antique, une austère grandeur, une abnégation robuste, la France et la Liberté. Le Monde vit alors de vertueuses armées, qui combattaient avec sérénité, sans haine, mais avec une énergie et un élan incomparables, pour la cause sacrée des Droits de l'Homme, pour les grands principes de la Révolution, de sorte que leurs victoires tournaient au profit des vaincus, transformés, régénérés, délivrés par elles.

On ne saurait ici énumérer, même sommairement, les fastes de ces vingt années qui, à elles seules, contiennent assez de batailles, d'événements inoubliables, de transformations, d'exploits, de conquêtes et de gloire, pour remplir l'histoire de plusieurs siècles et de plusieurs peuples. Si les chefs furent en quelque sorte des demi-dieux, les soldats, les armées, ces collectivités anonymes qui ont exécuté les conceptions des hommes de génie placés à leur tête, ont montré qu'elles étaient dignes d'un pareil commandement, et elles ont imposé en tous lieux l'admiration des qualités maîtresses de notre race française. Les volontaires de 1792, les soldats de 1794, de l'an II, les grenadiers de la Tour d'Auvergne, les marins du *Vengeur*, les soldats d'Italie, les célèbres divisions Dupont, Gudin, Friant, les voltigeurs de Witepsk, les conscrits de 1813, les cuirassiers de Waterloo, les grenadiers du dernier carré, les défenseurs d'Huningue, combien d'autres! ont marqué leur souvenir en traces précises, ineffaçables; et, du reste, ne suffit-il pas d'évoquer ces noms fameux, l'armée d'Italie, l'armée d'Allemagne, la Grande Armée, pour que tous ceux qui composaient les régiments de cette époque unique nous semblent justifier le mot de Napoléon : « Désormais, il suffira de dire : « J'étais à Austerlitz! » pour que l'on réponde : « Voilà un brave! »

Lorsqu'un peuple possède de pareilles annales; lorsqu'il n'a qu'à regarder ses papiers de famille pour y trouver tant de trésors accumulés de vaillance, de succès et d'honneur; lorsqu'il a le droit de se rappeler avec orgueil qu'il y a cent dix ans il écrasait coup sur coup les plus solides armées germaniques; lorsqu'il se souvient d'avoir fait de triomphales entrées au bruit des tambours et des clairons d'Austerlitz, d'Iéna, de Wagram, dans toutes les capitales; lorsqu'il s'est donné à lui-même la preuve de cette vitalité, de cette vigueur, de ces ressources, de cette supériorité, persistantes et sans exemple, il n'y a pas à craindre qu'il s'abandonne jamais, qu'il cesse de vouloir la complète victoire et de nourrir en son cœur viril la confiance dans la revanche absolue, définitive, de son droit et de ses destinées!

Le sang des héros de la Grande Armée ne s'est pas démenti chez leurs fils, ni leurs petits-fils, et il sera, sans s'affaiblir, transmis à leurs descendants.

Nous l'avons vu, ce sang généreux, qui bouillonnait dans les veines des soldats d'Afrique, remplir d'une terreur superstitieuse les guerriers arabes, réputés indomptables, forcés pourtant jusque dans la smala de leur chef Abd-el-Kader — un adversaire digne de nous — et jusque dans les inabordables défilés de la Haute Kabylie. Nous l'avons vu en Crimée, à Inkermann, au Mamelon Vert, à Sébastopol. Puis à Magenta, à Solferino, victoires remportées par la valeur seule de notre Race et par l'ardeur des soldats plutôt que par la douteuse habileté des généraux d'alors.

Les pires erreurs des gouvernants, la campagne du Mexique, par exemple, furent compensées par l'éclat nouveau que l'intrépidité de nos troupes jeta sur nos drapeaux. Hélas! cette vaillance, cette fermeté d'âme, cette irrésistible fureur de lions, cette foi patriotique, ces vertus militaires, que les soldats de l'Armée terrible possédaient comme leurs devanciers plus fortunés, ne purent point réparer les fautes et les crimes de la politique. Quelle douleur poignante pour un Français que de lire le récit de batailles gigantesques comme celles de Borny, de Gravelotte, de Saint-Privat, desquelles dépendaient le sort de la patrie, gagnées par les soldats et systématiquement perdues par un chef insensé et infâme! La faiblesse du commandement, le trouble moral que les dissentions civiles répandirent alors parmi les conseils de l'armée, des défaillances inouïes, des erreurs invraisemblables, enfin un concours de circonstances fatales, tel qu'il ne s'en présenta jamais d'aussi funeste pour entraîner un peuple à sa perte — voilà les causes de nos effroyables malheurs. Du moins, les qualités de la race se raidirent contre les calamités qui fondaient sur la France, et les armées improvisées de la Défense nationale sauvèrent l'honneur — c'est-à-dire la Patrie !

On peut affirmer, d'un peuple comme d'un homme, que c'est dans l'infortune que son véritable mérite se révèle. Il en fut ainsi en 1870-71. On connaissait la puissance agressive et conquérante de la France. On ne savait pas jusqu'où elle était capable de pousser l'héroïsme de la résistance, et le vainqueur implacable en fit, à sa grande surprise, à son pénible étonnement, l'apprentissage sur les ruines fumantes du pays.

Après Sedan, après Metz, il ne nous restait plus ni généraux, ni soldats, ni matériel de guerre, ni frontières, ni défenses. La France envahie sur le tiers de son territoire, Paris bloqué, l'Europe assistant, insensible, à notre égorgement, pas un secours, pas un appui, n'était-ce pas une situation bien faite pour inspirer aux Allemands la certitude que la guerre était finie, qu'ils n'avaient plus d'obstacles à craindre, que la France était terrassée, garrottée, à leur merci ?

Eh bien ! à ce moment-là même, la patrie, si grièvement blessée, qui perdait de toutes parts son sang et ses forces, qui n'avait plus de bouclier et ne tenait en main qu'un tronçon d'épée, se redressa devant l'envahisseur. Elle l'obligea à reculer sur plusieurs points, et lui fit craindre un retour de fortune qui se serait produit peut-être sans la paix prématurée, la « paix allemande », signée à Francfort...

La justice de l'Histoire s'est écriée alors : *Gloria victis!* Gloire aux vaincus! et c'est au vaincu, en effet, que sont allées les vraies palmes de la gloire en 1870-71. Les beaux faits d'armes, les épisodes épiques, les grandes pages de l'Année terrible s'appellent : la charge des cuirassiers à Reischoffen, la résistance de Canrobert à Saint-Privat, la dernière cartouche à Bazeilles, la défense de Paris, les combats autour de Dijon, la défense de Belfort.

Les traits d'héroïsme qui seront enseignés au siècle futur comme des modèles en cette sombre période, appartiennent aux Français. Quel spectacle inaccoutumé, quel sens profond dans ce renversement des rôles ! Moralement, c'était le vaincu qui triomphait, c'était lui qui cueillait de ses mains décharnées et sanglantes les lauriers immortels !

La voilà bien, notre Race française, vaincue parfois, jamais abattue, glorieuse toujours, et dont la valeur a brillé comme un phare d'espérance dans les ténèbres momentanées de la défaite.

Bientôt après les heures sombres de la guerre franco-allemande, après la terrible nuit de 1870-71, nous avons vu poindre la blanche aurore des journées réparatrices. La prompte libération du territoire, la reconstitution de nos forces militaires, de notre armement, de notre ligne de défense, prouvèrent au monde attentif et étonné que la

France était toujours vivante et ne voulait admettre aucune diminution de son rôle, de sa situation, de son prestige. Nous avons étendu nos possessions sur le globe, nous avons conquis en Extrême-Orient un magnifique empire colonial envié par nos rivaux. Nous avons complété l'Algérie par notre établissement en Tunisie et au Maroc; nous avons développé notre influence dans l'immense vallée du Niger et planté notre drapeau dans l'enceinte, jusqu'alors mystérieuse et inabordée, de Tombouctou, la vieille capitale des rois du Soudan. Le Dahomey, le légendaire et belliqueux pays des Amazones, est tombé en notre pouvoir. Madagascar, la grande île africaine, nous appartient. La vaste vallée du Congo nous a ouvert des horizons sans bornes dans le centre de cette Afrique destinée à devenir un prolongement très agrandi de la terre française.

De telles conquêtes, si rapidement accomplies, sous des climats différents et souvent meurtriers, pouvaient déjà suffire, à la veille de la guerre de 1914, à nous raffermir dans la fortifiante pensée que notre patrie revivifiée était, autant qu'elle le fut jamais, prête aux grandes actions, aux victorieuses luttes. Durant cette récente période, que de noms à ajouter à la liste de nos gloires militaires : au Tonkin, c'est Courbet, un des plus illustres marins de l'histoire, c'est Giovanninielli, Dominé, Frédéric Donnier, Bobillot; au Dahomey, c'est Dodds; en Tunisie, c'est Saussier; à Madagascar, c'est Gallieni qui devait acquérir, comme Gouverneur de Paris, devant l'invasion teutonne, en septembre 1914, et sur les bords de l'Ourcq, une gloire immortelle; au Congo c'est de Brazza; en Equatoriale c'est Baratier; c'est l'héroïque Moll; au Sénégal c'est Faidherbe, c'est encore Gallieni, Borgnis-Desbordes, Archinard; au Maroc c'est Lyautey, Mangin, Lapérine et une pléiade de chefs héroïques autant qu'habiles tels que Gouraud, Humbert, Gérard, dont nous retrouvons les noms dans la guerre actuelle.

Pour les regards clairvoyants qui suivaient les fastes de notre épopée coloniale depuis vingt ans, il n'était pas douteux qu'une puissante France militaire existait, vibrante, prête à rendre son prestige mondial à la grande patrie. Elle attendait son heure.

— Cette heure est venue. —

Nos pères disaient : Bouvines, Marignan,

Rocroi, Jemmapes, Marengo, Austerlitz, Magenta...

Nous disons : l'Ourcq, la Marne, l'Yser, la Somme, Verdun!!!!

En moins de trois ans, les exploits de longues générations d'ancêtres glorieux ont été égalés, dépassés.

Le « Cran » de France est toujours là.

IL N'EST PAS TUÉ

IL EST TUÉ

« JE SUIS CHEF DE FAMILLE »

« Le 31 décembre 1914.

« Monsieur, Madame et Mademoiselle,

« Permettez-moi, à l'occasion du nouvel an,
« de vous remercier pour l'obligeance que vous
« m'avez témoignée en une si triste épreuve.

« Je vous suis très reconnaissante et vous prie
« d'agréer mes meilleurs vœux pour la nouvelle
« année.

« Je me permets de vous donner de nos nou-
« velles. Moi je recommence à travailler, le 2
« janvier, mais ne sais pas encore à quels appoin-
« tements.

« Ma mère est toujours dans un état sta-
« tionnaire et me prie de bien vouloir vous remer-
« cier de sa part. »

V^{re} BONTEN.

Le mari a été tué. Il subvenait seul aux besoins de la famille : sa femme, son fils (10 ans), la
grand'mère malade.

La tâche va être lourde pour la pauvre veuve.

Elle est courageuse. Petite bourgeoise, elle n'avait su être jusqu'à ce jour que femme d'intérieur, s'occupant de son enfant, des siens... Enfin elle va lutter... se débrouiller.

C'est une Française.

« Le 31 décembre 1915.

« Monsieur,

« Je viens vous présenter, à l'occasion de
« cette nouvelle année, mes meilleurs vœux pour
« vous et votre famille.

« Je vais me rappeler à votre mémoire. Je
« suis une veuve à laquelle, l'année dernière,
« vous avez réservé si bon accueil auprès de
« Monsieur L... M... de V... et, de plus, la
« Dame et la Demoiselle, chez qui j'avais été
« de votre part, m'ont fait agréer à la Mutuelle
« des Veuves.

« J'avais promis à ces dames d'aller leur
« rendre une visite ; mais cela m'a été impossible,
« ayant été malade depuis bientôt 7 mois. Je vous

« prie de bien. vouloir m'excuser et de recevoir
« mes vœux sincères pour cette année. »

Vve BONTEN.

31 décembre 1916.

« Recevez, Monsieur, mes vœux de bonne
« année. »

RENÉ BONTEN.

CONVOCATION
1er Janvier 1917

' B   ' Section

Madame Bonten .... Paris
est invitée à se présenter

de 8 h. à 18 h. (dimanches
et jours fériés compris., pour affaires la
concernant

Elle voudra bien rapporter la présente.
En cas d'absence ou d'empêchement,
prévenir sans retard

RÉPONSE
2 Janvier 1917.

Monsieur,

Je ne peux pas aller vous voir,
ma grand'mère est malade
et maman est morte.
Ne vous fâchez pas, nous
irons vous voir quand grand'
mère ira bien un Dimanche
parce que je retournerai à
l'École.

René Bonten

Tiens, ils ont le souvenir fidèle, les Bonten,
la reconnaissance tenace. Mais... pourquoi la veuve
n'écrit-elle pas elle-même, cette année? Sans
doute, coquetterie de petite maman. Depuis deux
ans, le bambin a travaillé, lui aussi, son écriture

est nette. Cependant elle pourrait être malade, sa santé était bien fragile. — Convoquez Madame Bonten.

3 janvier.

— Dé, en route! lisez-moi ça et galopez.

Deux heures après, Dé revenait.

— Quel cran!

— Qui?

— Ce petit Bonten, parbleu. — Ah! si vous aviez vu, entendu ce gamin, vous n'eussiez pas regretté la course! Et pourtant, vous savez la grimpette, chez Karcher, là-bas au XXe. Vrai, je ne regrette pas la mienne.

Voilà, au cinquième, dans un petit appartement de trois pièces où m'introduit votre petit correspondant, tout est net, propre, reluisant.

— Maman, ma chère maman est morte, il y a un mois, me dit le jeune René. Elle était trop fatiguée. Quel dommage qu'elle n'ait pas pu attendre! Je vais bientôt travailler; oui, l'année prochaine, on voudra de moi... Je me suis renseigné, il faut que je me débrouille, je suis maintenant Chef de Famille!

— Et votre grand'mère ?

— Bonne maman est couchée, elle a trop de chagrin...

— Et comment faites-vous pour le ménage, la cuisine ?

— Mais c'est moi, Monsieur, ce n'est pas difficile. Depuis les vacances surtout, c'est plus commode.

— Comment ?

— Dam, quand ce n'est pas les vacances, je vais à l'Ecole le matin et l'après-midi — mais je reviens vite. Le matin, j'ai fait les provisions, à midi, je m'occupe, et le soir, j'ai tout le temps.

Il a 12 ans — et je vois des cahiers... en ordre et des dessins... fort bien, ma foi !...

— Patron... je l'ai embrassé de votre part, le gosse.

— Hum... hum... Dé, bien vous fites...

. . . .

Et bien feront... ceux qui auront envie de faire comme vous.

POMMES DE TERRE
A L'AUVERGNATE...

5 avril 1917.

Il y a bien longtemps, ce me semble, que Madame Ygrec n'est pas venue.

Pourtant, je vois sur sa fiche :

Mari tué au feu;
1 Fils tué au feu;
1 Fille 16 ans;
1 Fils 14 ans;
1 Fils 12 ans;
1 Fille 8 ans;

Nota : Soutient sa mère âgée.

Bigre, s'il fait froid ici, il doit faire encore plus froid chez la veuve Ygrec.

Si elle nous oublie, nous devons ne pas l'oublier; si elle nous néglige, nous devons, sapristi, la rappeler à l'ordre.

Convoquez Madame Ygrec.

8 avril 1917.

Le planton :

— Une femme vous demande.

Votre serviteur :

— Faites-la entrer.

Entre une vieille femme en cheveux, ventripo-tente, avec son tablier. Elle tend la carte de con-vocation adressée à Madame Ygrec.

— Que voulez-vous? Vous n'êtes pas Madame Ygrec.

— Non, je la remplace, Monsieur.

— Pourquoi n'est-elle pas venue?

— Elle est morte.

— Ah!... Et que deviennent les enfants?

— C'est moi qui suis sa mère. Alors, comme ça, j'ai hérité des quatre z'enfants.

Elle est tout à la fois douloureuse et crâne la pauvre vieille.

— Que faites-vous, Madame?

— Moi, Monsieur, j'suis cuisinière.

— Très bien.

— J'suis cuisinière de restaurant.

— Et vous gagnez ?

— Rien.

— Comment?

— J'suis trop vieille, à c't'heure, pour avoir une place.

— Et alors? de quoi vivez-vous?

— Eh ben, j'ai l'allocation, rapport à Ugène qu'est aux Armées d'la guerre. Ulalie gagne un peu, elle est couturière dans les modes. — Ça irait, si j'avais pas à payer la pension des trois gosses...

La brave vieille a un geste de fatigue, un instant de chagrin, mais elle se redresse et lance avec fierté :

— C'est moi qui fais la tambouille!

Je n'ai pas entendu Louis XIV lançant son fameux : L'Etat c'est Moy! — Mais il y a un son de parenté entre les deux interjections.

Elle a du Cran la vieille, la vieille qui fait la tambouille!

— Et votre tambouille? du homard à l'américaine tous les jours?

— Blaguez pas, Monsieur, y a pas d'zho-mards, mais y a tous les jours des pommes de terre!

Elle devient importante, la pauvre femme, car elle ajoute :

— J'ai su me débrouiller.

— Bravo.

Donnons ici autre chose que des sous : — à l'amour culinaire accordons un suffrage.

— Vous devez savoir faire les pommes de terre à la Lorraine?

— Oh! oui, et bien d'autres. Mais moi, Monsieur, mon triomphe c'est les pommes de terre à l'Auvergnate.

Sa voix claironne comme celle de Ragueneau : ça devient du Rostand... en prose.

— Voilà. — Je beurre ma castrole.

— Diable! au prix où est le beurre...

— Oh! Je beurre avec de la graisse, avec de la bonne graisse de porc. Dam! J'ai su me débrouiller. Puis j'mets z'une couche de pommes de terre, une couche de graisse, puis une autre couche... puis je mouille!!! Monsieur, c'est là l'art : pour mouiller, il n'y a qu'une minute, il faut la saisir, sans ça c'est raté.

L'amour de l'art avait pour un instant chassé les soucis, fait oublier les tristesses; les feux du fourneau avaient séché les larmes.

La vieille grand'mère voyait certainement ses chers petits enfants se régalant avec les fameuses pommes de terre à l'Auvergnate.

Cette Française, au déclin de sa laborieuse

existence, travaille encore, elle brave la fatigue, elle espère!

Et légion sont ses sœurs de misère qui travaillent, qui espèrent!

On n'a que des pommes de terre; bast, « on sait se débrouiller »; les petits ont de quoi manger malgré tout, suivant une bonne recette de ménage...

Et, après avoir bien cuisiné, de tout cœur, on s'arrange encore pour prélever sur le maigre pécule de quoi envoyer un colis au poilu qui est au front...

IL N'EST PAS TUE

25 avril 1917.

Dring-g-g !!! Dring-g-g-g !!!

— Allo, Allo.

— C'est vous, mon cher?

— Oui.

— J'ai dans mon bureau Mme En, femme d'un camarade au front, situation cruelle. Malheureusement, son mari n'étant pas tué, je ne puis rien pour elle. Voulez-vous la recevoir? Elle a six enfants, et il faudrait en placer quelques-uns. Sa misère est si grande qu'elle ne peut plus les nourrir.

— Envoyez-la.

— Quand?

— De suite, parbleu.

— Bien, elle part vous trouver.

Quinze minutes après, le planton prévenu introduit Mme En. Mme En est visiblement émue. Elle s'exprime néanmoins avec aisance ; et, d'une façon sobre, nette, précise, me narre sa triste odyssée. Elle ne larmoie pas, ne se plaint pas, ne récrimine pas : elle expose des faits, des faits déplorablement cruels...

Avant la guerre, la vie était douce. Son mari, agent technique dans une usine, apportait mensuellement 400 francs d'appointements, auxquels venait se joindre le prix de rapports et de travaux divers. C'était assez pour nourrir et élever les six enfants qui égayaient le foyer. Pas assez, cependant, pour permettre des économies.

Survient la mobilisation. — Le mari répond à l'appel du Pays. Sergent-Major, il rejoint son Dépôt. Son patron lui a réglé son dû — un point, c'est tout. Alors que tant d'autres se font un devoir de payer à la famille de leurs employés mobilisés la moitié du traitement, celui-là supprime purement et simplement.

Le sous-officier est au front, il se bat, il se distingue, il brille, il est noté, le voilà officier. Il souscrit de suite une délégation de la moitié de sa solde en faveur de sa femme : 150 francs par mois. Il lui fait allouer l'indemnité des familles nombreuses, 66 francs par mois, mais aussi l'allocation lui est retirée. Elle est femme d'officier.

Au logis la femme rationne, s'ingénie de son mieux pour nourrir sa nichée; mais avec un budget de 216 francs par mois pour sept, il faut, chaque jour, serrer d'un cran la ceinture.

Le froid arrive.

Les effets s'usent; elle les raccommode, les rapièce, les reprise, mais...

Et les chaussures! C'est un cauchemar.

Elle lutte. Quelle lutte! voir lutter ses enfants.

Elle souffre. Quelle souffrance!... voir souffrir ses petits.

On lutte quand même. Elle sent qu'il faut lutter encore plus aujourd'hui : elle est femme d'officier!

Elle couche sa nichée dès que le jour tombe; on n'a plus d'éclairage, on n'a plus de chauffage.

Arrive un jour où les enfants ne peuvent plus aller à l'Ecole... ils n'ont plus de souliers.

Le Maire invite les parents de la commune à faire vacciner les enfants; les siens restent au logis... ils n'ont plus de chemise.

Elle hésite, mais non! Elle ne peut mendier, elle ne peut aller au Bureau de Bienfaisance. Elle est femme d'officier!

Elle lutte, mais c'est le millième jour de la

lutte, les enfants sont hâves, déguenillés — les cours ont augmenté, les vivres sont hors de prix, les taxes n'empêchent pas les vendeurs de... s'enrichir et de... tuer les acheteurs.

— Maman, nous avons faim!...

— C'est bon, assez!

Elle a lutté, elle est enfin vaincue.

— Attendez, attendez, mes mignons, je vais à Paris et vous rapporterai...

Elle brave toute honte. Ce n'est plus la Femme naguère si fière, c'est la Mère qui se dresse. Ses petits meurent de faim, il lui faut sauver ses petits!

Elle est partie. — Vous savez comment elle est devant moi.

— On m'a dit, Monsieur, que vous pourriez placer mes enfants.

— Oui, Madame, deux de suite, si vous le voulez bien; nous verrons ensuite pour les autres.

Elle acquiesce tristement; j'écris une lettre pour l'homme de bien qui va être mon complice et la lui remets.

— Voilà, Madame, allez de suite voir l'asile confortable où vos enfants seront bien accueillis et où demain vous pourrez les conduire.

— Merci...

Elle part, elle va partir, marchant comme un automate.

Sur le seuil, elle hésite... Elle ne peut plus résister, son cœur crève, elle éclate en sanglots.

— Mes enfants! Mes petits!! Mes pauvres petits!!!

Ah! non! vous savez. Ce n'est pas un métier. Il faudrait avoir le cœur en zinc.

. . . .

— Voyons, voyons, Madame, nous allons voir, allons, asseyez-vous.

Ecoutez... voyons, écoutez... nous allons chercher, tenter. — Voyons, N. de D., ne pleurez plus... Vous les garderez, vos enfants!

Voilà le mot magique.

Elle se calme, elle écoute...

Mais quoi? que vais-je lui dire? que vais-je faire?

Quel métier! mon Dieu, quel métier!

Ce que je puis administrativement est si peu, si peu... Enfin, il y a des braves gens partout, même ici. — Les camarades m'ont compris.

La soirée est assurée.

Hé! après la pluie, le beau temps; après les larmes, un sourire.

— Madame, je ne sais pas ce que je ferai, mais la nuit porte conseil. Il s'agit d'abord de faire faire ce soir un bon dîner à vos enfants. Voici une enveloppe *ad hoc*. Demain nous verrons — attendez chez vous... avec confiance. Et allumez du feu... avec l'enveloppe.

Elle sourit !

Quel chic métier ! Quel chic métier !

Ça n'a pas de prix, savez-vous, un sourire de Mère.

Elle part, elle va partir, marchant ferme, cette fois.

Sur le seuil elle hésite... Elle pleure, elle pleure... Mais elle pleure doucement...

— Allons, soyez raisonnable.

— Ah ! Monsieur, ne me grondez pas, mais laissez-moi pleurer... Je pleure de joie.

29 avril, 8 heures matin.

Hé bien ! me voilà dans de jolis draps !

Une femme et six enfants !

Qu'ai-je été faire dans cette galère ?

. . . .

Quand je me le demanderais pendant une heure, ça ne solutionnerait pas le problème.

Allons... il faut agir.

— Dites Dé... voulez-vous aller à Nanterre. Vous verrez la famille En, vous me rendrez compte avant midi. Et débrouillez-vous, vous savez.

Dé est protestant, je n'aime pas les protestants, mais il est débrouillard.

Onze heures.

Dé vient de rentrer.

— Sale corvée, patron, c'est à faire pleurer un crocodile.

Plus de linge, plus de vêtements, plus de draps. Rien, table rase au logis. Le mont de piété a tout sucé et, la femme me l'a avoué, au cours de ces trois années, elle a fait....

.............70 francs de dettes!

Mais, d'autre part, fournisseurs du quartier, Maire, Commissaire, tous dans le pays, y compris la concierge, ne tarissent pas d'éloges.

— Ils eussent mieux fait de tarir leurs éloges et de tarir la faim...

Et après?

— Hé bien après, Patron, on a fait ce qu'il fallait.

— Alors?

— Madame En et les gosses sont tranquilles pour 8 jours, vous aurez le temps de souffler.

Vous savez, je n'aime pas les protestants; mais celui-là, n'y touchez pas, sapristi!

Midi.

Je rentre. — A propos les enfants n'ont pas de linge. Le Curé du 2ᵉ en a. Vous savez que je n'aime pas les curés, mais celui-là...

Il écrit de suite un ordre : ce soir, les enfants auront linge et vêtements.

Chic type, vous savez, ce Curé-là.

15 heures.

Tout ça c'est très joli, mais quand on a commencé, il faut finir. Les En ont des vivres pour huit jours, et dans 8 jours il faudra recommencer! Allons-y, pendant que nous y sommes.

— Dites-donc, Dé, — il n'y a pas; il faut que la famille En nous fiche la paix pendant six mois.

— Comment faire?

— Voici : vous savez, Dé, je n'aime pas les juifs, mais Léon Balthasar est tout de même un brave homme. Allez donc le voir de ma part. —

Vous qui avez vu, à Nanterre, — racontez-lui. Faites-le pleurer. Ce n'est pas un tigre.

19 heures.

Dé arrive ébouriffé.

— Patron, ça y est! Six mois et bonne mesure. Balthazar a, devant moi, expédié à Mme En le chèque... et vous savez, le gros billet.

N..de D. Je n'aime pas les juifs, mais, vous savez, celui-là n'y touchez pas...

— Dites donc, Patron?

— Hé bien quoi, Dé?

— Patron, vous n'aimez pas les curés — vous me l'avez dit — les protestants, on me l'a dit, et puis, m'a-t-on dit, vous n'aimez pas les juifs... Alors?

— Moi? mais je m'en f... des curés, des protestants, des juifs, des bouddhistes et des mahométans avec! J'aime les braves gens, voilà tout.

Vous m'embêtez ! L'abbé Ix est un brave homme, Balthazar est un brave homme, vous êtes un brave homme, Dé!

Mais, avant tout vos bonshommes, ce que j'aime, ce que j'admire, voyez-vous, Dé, c'est la Femme de France. Quel caractère cette Madame En! Femme de Soldat, promue femme d'Officier, elle a de suite de la tenue, elle souffre, elle sait souffrir, elle consent à laisser souffrir ses enfants.

Çà, c'est le Cran, et quel Cran!

Et si, Mère, elle a cédé un instant devant la misère de ses enfants, quel ressaut au moment de les perdre! Vous avez entendu le cri de la Mère... « Mes Petits! »...

Et cet adorable : « Ne me grondez pas, je pleure... de joie. »

Dé! ils n'en ont pas comme ça, les Boches!

Nanterre, 30 avril 1917.

. . . .

« Vous m'avez fait tant de bien depuis deux
« jours, que je ne sais comment vous remercier.

« Grâce à vous, mes pauvres petits ont eu un
« peu du bien-être qu'ils avaient quand leur père
« était près d'eux; et moi-même, je ne me suis
« jamais sentie aussi heureuse depuis un an. Aussi
« c'est de tout notre cœur que nous venons tous
« vous dire : « Merci. »　　Marthe En.

Quel chic métier! Je n'ai rien fait, c'est Ix, Balthazar et Dé qui ont donné, et c'est moi qui récolte cette jolie lettre d'une mère.

Ah! quel chic métier!

IL EST TUE

Il est tué... Mais il n'avait pas l'âge.

— Comment?

— Parfaitement, lisez :

« Le canonnier Joseph, décédé en septembre
« 1915, tué à l'ennemi, était engagé volontaire
« pour la durée de la guerre, le 10 janvier 1915,
« au titre du Nᵉ Régiment d'Artillerie.

« L'intéressé étant né le 19 mars 1898 à
« Narbonne, n'avait pas 17 ans à la date sus-
« indiquée de son engagement et, pour ce motif,
« ledit engagement a été annulé.

« Aucun autre engagement n'ayant été con-
« tracté par Joseph avant son décès, nous vous
« retournons le dossier. Le Secours Immédiat ne
« peut être payé. »

Jamais antagonisme entre l'Esprit et la Lettre ne s'était manifesté d'une façon plus superbe !

Donc, après plus de trente mois de guerre, l'application servile des règlements rendait encore aveugles à ce point les yeux les plus clairvoyants, sourds et impitoyables les cœurs les plus compatissants d'ordinaire.

Certes, je suis respectueux de la règle; je ne suis pas de ces frondeurs qui affectent de battre en brèche, de parti pris, les institutions qui sont des bases nécessaires. Les règlements sont indispensables pour conduire, pour éclairer, pour canaliser; et les sacro-saintes circulaires n'ont pas d'observateurs plus fidèles que nous. Cependant ne convient-il pas de les interpréter dans le sens le plus large, que commandent les circonstances véritablement exceptionnelles créées par la lutte gigantesque qui dure depuis trois ans? N'est-ce pas là que doit intervenir cet « esprit de guerre » dont on accuse l'arrière de manquer trop souvent?

Le rédacteur de la susdite note, par trop esclave de la Lettre, était peut-être un excellent homme, accessible à la pitié et à tous les généreux sentiments, mais incapable de prendre cette *initiative* que Gallieni exigeait de ses subordonnés, initiative comparable à une huile lubrifiante grâce à laquelle se seraient enfin accélérés tous les rouages de la vieille machine administrative dont il avait juré d'être le rénovateur.

Disputer à la famille du malheureux soldat

tué à l'ennemi le droit au secours parce qu'une lé-
gère irrégularité avait été commise à l'époque de
son engagement, c'était aussi cruel qu'ironique.
C'était l'application aveuglément littérale d'un
règlement — quelque chose comme la vieille histoire du factionnaire placé près du banc fraîche-
ment repeint, afin d'avertir les habitués de la promenade, et que l'on retrouve à la même place,
vingt ans après, alors que le siège de bois peint a
été remplacé depuis longtemps par un banc de
pierre.

Et cependant, derrière la cloison étanche du
formalisme, abrité par sa montagne de circulaires,
le fonctionnaire militaire faisait son strict devoir
en signalant le fait et pouvait, s'il y mettait de
l'entêtement, se cantonner dans son droit et para-
lyser toutes les bonnes volontés.

Il importait d'éclairer la lanterne, ce qui fut
fait. L'histoire d'ailleurs était simple :

Restée veuve depuis longtemps, la mère n'a-
vait que ce fils, aux désirs duquel elle savait mal
résister, malgré les alarmes de son cœur. Le petit,
tout plein de l'enthousiasme des victoires de la
Marne, de l'Yser, la suppliait de consentir à son
engagement. Elle avait longtemps refusé, beau-

coup pleuré, puis fini par consentir; et, ignorante des règlements militaires, elle avait écrit l'autorisation tant désirée, sans faire mention de l'âge du jeune homme. Par quelle inadvertance la date prohibitive échappa-t-elle aux investigations du recrutement, ou par quel subterfuge le jeune engagé parvint-il à dissimuler et à esquiver la difficulté ? Nul ne le saura jamais. Le régiment l'accueillit, il fit ses classes avec le zèle enfiévré des néophytes, partit pour le front, plein d'ardeur, fut un soldat superbe. Il s'en donna si bien à cœur joie, qu'il tomba glorieusement. Tout cela en huit mois.

Et maintenant il faudrait révéler à la mère la tare originelle de cette courte existence militaire, limpide et pure. Il faudrait désoler cette pauvre femme en lui annonçant qu'on allait sans doute lui marchander, lui refuser peut-être, l'obole sacrée pour une raison de points et de virgules. Il faudrait lui reprocher toute une paperasserie embrouillée par la faute du pauvre enfant qui n'était coupable que d'une supercherie héroïque, à laquelle il avait dû de pouvoir courir au feu comme ses aînés pour offrir sa vie.

Non, impossible! De l'initiative! Gallieni l'a prescrit.

De la bonne encre, rappelons à Lebureau fidèle aux vieilles circulaires qu'une Circulaire plus jeune, une Circulaire de Gallieni, donne à l'Esprit le pas sur la Lettre.

. . . .

Et aussi, Lebureau, tu as parfois de la littérature, tu ne négliges pas les Beaux arts. Alors vois-tu ?...

Ne vois-tu pas?... le rêve de Detaille... le défilé, les ancêtres du canonnier Joseph, les légions héroïques, les volontaires de 92, les grognards ; et, plus près de lui, ceux de Crimée, ceux d'Italie, ceux de 70. Et combien étaient de son âge, dont on n'avait pas discuté les années! Viala, mort à 13 ans sur le pont de la Durance; Barra, tombant à 15 ans, eux que le *Chant du Départ* a immortalisés, dont les parents furent *pensionnés par la Convention !* .. ..

Rostand n'a-t-il pas chanté les petits tambours de Wagram ?

Tiens! à cet endroit même : onze petits tambours!
C'est là que le crachat d'un gros tousseur de bronze
Prit ces onze tambours en file et... tous les onze!!

D'ailleurs, me dit mon camarade Beaussire, il y a un précédent.

Le Précédent! En administration, c'est tout.

Et Beaussire me tendit cette pièce :

DÉCISION DU MINISTRE

« L'engagement pour la durée de la Guerre
« que le jeune Es, né le 20 décembre 1899, a
« contracté le 23 août à Oran au titre des spahis
« auxiliaires, sous un nom d'emprunt, est annulé.

« En vue de la régularisation, l'intéressé est
« autorisé à contracter au titre du   e régiment
« de spahis et pour la durée de la guerre, un en-
« gagement dont les effets remonteront au 20 dé-
« cembre 1916, date à laquelle il a atteint l'âge
« de 17 ans,

« Toutefois les services qu'il a accomplis
« du 23 août 1914 au 20 décembre 1916, sous
« le nom de Ali-ben-Es — figureront pour mé-
« moire sur les pièces matricules de Es. Actuel-
« lement maréchal des logis et élève officier. »

Et tout finit comme il convenait.

Un jeudi, dans la Cour des Invalides, au son de la *Marseillaise*, la Mère, qui avait donné son Fils à la Patrie, reçut la Croix de Guerre gagnée par le canonnier Joseph... qui avait été tué, bien qu'il n'en eût pas l'âge.

LETTRES DE FEMMES

« NOUS SAURONS NOUS Y CONFORMER »

Le 15 Avril 1915.

« Je vous remercie de l'attention que vous avez eue envers moi.

« Si je puis après les hostilités faire revenir les restes de mon bien-aimé mari, je déposerai en votre nom un pieux souvenir sur sa tombe.

La Patrie exige de nous le plus grand des sacrifices. Nous saurons malgré notre immense douleur nous y conformer.

« Puisse le sang de nos chers disparus être vengé, et que cette race maudite, qui m'a pris à moi, (comme à toutes celles dans mon cas) tout mon bonheur, soit à jamais anéantie!

« Je tâcherai par le travail d'atténuer un peu mon profond chagrin.

Vve KAURO.

— « Nous saurons nous y conformer ! »

— Inclinons-nous bien bas.

« MON MARI N'ETAIT QU'UN OUVRIER »

Voici trois lettres qui portent en elles-mêmes leur histoire et leur commentaire.

Elles sont venues à la suite d'une première lettre par laquelle une Femme avait convoqué la pauvre veuve d'un soldat mort à la guerre, pour lui remettre un secours.

Rien de plus simple. Et il ne semblerait guère qu'il y eut là-dedans la moindre place pour un incident intéressant, — en temps ordinaire, du moins.

Mais un cœur débordant de reconnaissance, exalté plutôt qu'abattu par les épreuves de l'époque tragique, profite de tout prétexte pour s'épancher, et, quelque humble qu'il soit, il peut s'élever, sans le savoir, au ton le plus noble, par la seule force de la situation et du sentiment.

C'est une veuve d'ouvrier qui écrit :

23 Mars 1915.

« Madame,

« Je ne sais comment m'excuser de prendre la liberté de vous écrire mais j'ai commis deux grands oublis, hier soir, lorsque je suis allée chez vous, répondant à votre si aimable invitation, et je voudrais les réparer.

« J'ai été si émue de votre si réconfortante réception, que je suis revenue toute troublée et c'est seulement à mon arrivée chez moi, en montrant à mes filles émues et reconnaissantes, elles aussi, le chèque que vous m'aviez remis, que brusquement me sont apparus mes deux bien regrettables oublis. En voyant sur le chèque un nom, que je n'oublierai, non plus que le Vôtre, Madame, je me suis rappelée que je ne vous avais pas priée de remercier pour moi votre charitable ami, un noble cœur aussi puisqu'il a pitié des malheureuses veuves de soldats. Voulez-vous lui faire part de ma bien sincère reconnaissance ?

« Et puis, je me suis aperçue de l'absence de votre lettre, que j'ai dû laisser sur votre table. J'ai été vraiment malheureuse de cet oubli, que vous voudrez bien excuser, Madame, ainsi que la requête motivée par lui, que je vais vous adresser.

Votre lettre, qui avait été pour moi une surprise attendrie et un réconfort, et que je me promettais de garder toujours en souvenir de votre bonne action, me manque vraiment. J'étais toute heureuse de cette aimable lettre, non pas seulement parce qu'elle m'annonçait une aide qui m'a véritablement rendu un grand service, mais surtout parce que, ayant la preuve que quelqu'un avait eu pitié de mon malheur, il me semblait être un peu moins écrasée par la fatalité. Voudriez-vous avoir la bonté de me renvoyer votre lettre, Madame, pour que je la conserve en souvenir de vous ? Je n'ose pas aller vous la demander, mais je la voudrais tant !... Ma demande est peut-être un manque de savoir-vivre, Madame; je l'ignore, n'ayant reçu aucune éducation; mais si cela est, veuillez me pardonner et ne voir qu'une chose : mon désir de votre lettre.

« Puisque je vous écris, Madame, je vais vous donner sur ma famille quelques détails que j'aurais sans doute dû vous donner hier ; mais j'ai à peine répondu aux questions qui m'ont été pourtant si aimablement posées. C'est que je voyais sur la figure de Monsieur le Général, votre Mari, Madame, un air si doux, si compatissant, un si bon sourire de mon pauvre cher mari à moi !... Et je n'osais même pas répondre, tant j'avais peur de ne pas pouvoir contenir mon émotion. — Mais de là-bas vous ne voyez pas mes larmes et ce sera une satisfaction pour Vous, car vous êtes bonne, Madame, de savoir que votre charité ne s'est pas égarée. Mon pauvre mari n'était qu'un ouvrier, tailleur de pierres pour cimetières, depuis 13 ans au service du même patron. Mais c'était un ouvrier hors ligne, un homme rare, bon, loyal, dévoué, vaillant de cœur, et d'esprit bien au-dessus de sa situation. Il m'avait épousée veuve, ayant d'un premier mariage 4 enfants en bas âge qu'il a élevés honnêtement avec son seul travail. Nul n'aurait pu supposer qu'ils n'étaient pas les siens, tant il était bon pour eux. Aucune différence entre eux et notre fille qui a aujourd'hui 12 ans. Bon pour tous, il l'était surtout pour moi. Dans mes longues maladies, c'est lui qui me soignait avec douceur et dévouement, jour et nuit, malgré son dur métier. C'est à lui que je dois d'être debout. Il était sincèrement aimé et estimé de tous ceux qui le connaissaient. C'est là l'exacte vérité. Voilà, Madame, ce qu'était le Mari que j'ai perdu. Vous comprenez ma peine...

« Avec lui la vie était douce et bonne, malgré les difficultés inévitables qu'un ouvrier rencontre en élevant cinq enfants. Nous n'avons jamais connu les privations et nous aurions été des ouvriers très aisés, sans les nombreux accidents et maladies que nous avons eu à subir pendant ces dernières années.

« Il n'est pas étonnant que je sois désemparée après une perte aussi terrible. La journée de mon Mari était ma seule ressource. Lui disparu, j'ai perdu le bonheur et l'aisance. Je ne croyais pas supporter une aussi douloureuse peine ; et pourtant je vis, et même, depuis trois jours, il me semble que je retrouverai la force nécessaire pour continuer la lourde tâche presque achevée aujourd'hui qu'avait entreprise mon cher Mari. Mes enfants sont presque élevés, et quoique le changement survenu chez nous sera certainement bien sensible et bien cruel, j'espère arriver au bout. Mon fils aîné qui est au front est marié ; ma fille aînée se suffit. Je reste donc avec trois filles, une de 12 ans, les autres 16 et 18 ans. En temps ordinaire, ces deux dernières se suffisaient aussi, mais, depuis le premier août, le travail est très rare et elles avaient bien peu travaillé avec un très faible gain. Or, depuis samedi dernier, elles travaillent toutes deux auprès de la maison. Vous voyez bien, Madame, que votre lettre m'a porté bonheur et que j'ai raison d'y tenir. C'est un changement bien favorable et qui diminuera mes soucis, s'il peut durer. Nous pourrons peut-être ainsi vivre, sinon heureux, du moins tranquilles. Reste notre fille de 12 ans. Elle fera sa première Communion le 20 mai prochain et se présentera au certificat d'études le mois suivant. Ensuite, elle commencera à travailler, et ce sera aussi pour elle la lutte pour la vie. Je voudrais vivre quelques années encore pour pouvoir lui faire apprendre un métier, c'est-à-dire faire pour elle ce que mon cher Mari a fait pour mes autres enfants. C'est mon seul désir.

« Voilà, Madame, les détails concernant ma famille que vous avez bien le droit de connaître, puisque vous m'avez si aimablement assistée.

« Pardonnez-moi, Madame, de vous avoir occupée aussi longtemps. Soyez bénie, pour votre bonté, ainsi que tous les Vôtres. Encore pardon et merci de tout mon cœur.

« Veuillez me permettre, Madame, de vous envoyer ainsi que celles de mes filles, mes bien respectueuses salutations. »

J. LAMOUREUX.

Paris, le 24 Mars 1915.

« Madame,

« Je ne saurais vous dire combien votre lettre m'a touchée, et c'est moi aujourd'hui qui vous remercie de me l'avoir adressée. Je suis plus que payée d'un bien petit dérangement en pensant que j'ai pu vous rendre un peu de courage et d'espérance.

« On m'a dit quelquefois que je portais bonheur. Dieu veuille que ce soit vrai pour vous dans la mesure possible de votre grande affliction. La mort de votre mari est une des cruautés de la vie contre laquelle nous ne pouvons rien ; mais pour les cœurs délicats, comme me paraît le vôtre, la plus grande des consolations c'est d'être fière de ceux que l'on a perdus. Le souvenir de leur bonté, de leurs vertus, avoir le droit d'en parler, la tête haute, à tous et de les donner en exemple aux enfants qu'ils nous laissent, c'est encore vivre près d'eux par la pensée et par le cœur.

« Bon courage, Madame, et croyez à toute ma sympathie. »

MARGUERITE P.

25 Mars 1915.

« Madame,

« Je viens de recevoir vos deux lettres, et la deuxième m'a émue bien plus que la première. Je les conserverai *toujours*, Madame, car la première est pour moi comme un talisman. Il est réel que, depuis son arrivée chez moi, j'ai eu plusieurs satisfactions, quand depuis si longtemps je ne connaissais qu'ennuis, peines et déceptions. J'attribue tout cela à votre heureuse influence. Il est donc vrai, Madame, que vous portez bonheur ; car, depuis, j'ai repris courage et espérance, chose que je croyais absolument impossible.

« Votre deuxième lettre sera pour moi une amie bien chère. Elle contient de si hautes, de si nobles paroles ! Et de penser qu'elle a été écrite par vous, Madame, à moi, pauvre malheureuse, cela me touche infiniment et remonte encore mon courage et ma confiance en la vie. Aux heures de défaillance de mon courage encore bien nouveau, je relirai bien vite votre si bonne lettre, et, je le sens, elle sera toujours pour moi un nouveau réconfort.

« Pardon, encore, Madame, et de tout mon cœur : Merci...

« Veuillez recevoir, Madame, les biens reconnaissantes et bien respectueuses salutations de

« Votre éternellement obligée

LAMOUREUX.

« SI LEUR PERE ETAIT LA »

Le 18 Novembre 1916.

« Monsieur,

« Je tenais à vous dire combien j'avais été, hier, émue et touchée. J'ai dû vous paraître stupide ; mais j'étais si troublée par les différentes choses dont vous m'avez parlé, que je n'ai pas pu vous dire tout ce que je pensais et ce que je ressentais. J'étais émue de sentir tout l'intérêt que vous portiez à ma situation et j'étais confuse de m'adresser ainsi à des œuvres privées. Laissez-moi vous parler en toute sincérité : j'ai trouvé dans la grande famille militaire un appui, un dévouement et une délicatesse auxquels je n'aurais jamais songé, et c'est, je vous l'assure, un très grand soulagement à ma peine et à mes soucis. A la mort de mon mari, ma situation était très nette : je restais avec ma douleur et, pour toute fortune, sept enfants, dont un gravement atteint, plus ma mère dans une situation difficile.

« J'ai pu, grâce au dévouement inlassable de tous les chefs de mon mari et de tous ses camarades, attendre, sans trop d'inquiétudes, que ma situation matérielle s'organise. On m'a accordé le Secours Immédiat et j'ai trouvé de suite un emploi dans une usine pour la durée de la guerre.

« Je pense vivre, mais j'ai par moments des heures difficiles à passer : si une opération était nécessaire à mon petit malade ? Cette année, le retour à la maison de mes deux aînés, dont j'ai dû refaire en entier le trousseau et la garde-robe, vient augmenter mes charges d'une façon imprévue et c'est pour cela que j'avais demandé une aide au Ministère de la Guerre. Si douloureux que cela soit pour moi, je sais que nous sommes entre camarades, et tous ces Messieurs ont toujours été vis-à-vis de moi d'une très grande délicatesse. Il m'est encore plus douloureux de recevoir cette aide d'une œuvre privée, car je voudrais conserver à mes enfants la situation qu'ils auraient *si leur père était là*. De plus, je me fais un scrupule d'enlever à d'autres, peut-être plus à plaindre que moi, un secours qu'elles ne peuvent espérer du milieu militaire. Si vous n'avez pas encore écrit aux personnes dont vous m'avez parlé, j'aimerais mieux que vous ne le fassiez pas, cette perspective est extrêmement douloureuse pour moi; si vous l'avez déjà fait, j'accepterai, en vous restant extrêmement reconnaissante, les démarches que vous aurez entreprises et je me rendrai, soyez-en sûr, aux convocations que je pourrai recevoir à ce sujet, me conformant en cela aux conseils que vous m'avez donnés et qui m'ont profondément touchée.

« Je reste, Monsieur, infiniment émue et reconnaissante... »

JEANNE ZED.....

— Et moi, j'ajoute :

Veuve du Colonel ZED tué au feu.......
Entrée.... dans une Usine...........
. . . .
Elève ses enfants comme... *si leur père était là...* . . . .

SALUEZ !

SIX PETITES FILLES

A QUOI PASSENT LE TEMPS LES JEUNES FILLES

Décembre.

Cinq heures du matin. — Froid de canard. Obscurité opaque, à peine piquée de très loin en très loin de la lueur encapuchonnée d'un bec de gaz. Je hâte le pas pour aller prendre le service.

Sous la lueur falote d'un reverbère, je croise une jeune fille qui sort d'une maison de l'Avenue.

Ce n'est pas une heure de jeune fille, cependant. Si vite que je l'aie entr'aperçue, elle n'a pas l'air d'une...... demoiselle « comme il en faut. »

Mais je passe, je suis passé et d'autres sujets plus pressants occupent mon attention. La jeune fille est loin. Je n'y pense plus, je n'y penserai plus.

Huit jours après — même heure — Froid d'hiver, obscurité plus opaque, piquée de plus loin en plus loin de la lueur encapuchonnée d'un bec de gaz.

C'est le retour de mon tour de service.

De la même maison, de la même avenue, la même jeune fille...

Bizarre, décidément; mais je n'ai pas le temps, je passe, je suis passé. La jeune fille est loin, je n'y pense plus, je n'y penserai plus.

Quelques jours plus tard, un ordre à remettre à un partant matinal m'amène à la gare P.-L.-M.

Le service exécuté, j'ai le loisir d'examiner le grouillement multicolore, multinational, multilinguistique qui me coudoie, m'entoure, houle humaine bruyante et pittoresque.

Il y a des Annamites, des Tonkinois, des Somalis, des Dankalis, des Issas; il y a des Malgaches, des Comoriens; il y a des Hindous, des Sicks; il y a des officiers anglais, des officiers italiens; il y a même des Français, il y a même des Poilus !

Au milieu de cette fourmilière humaine, circulent des jeunes filles de la Croix Rouge qui s'empressent, donnant, portant, distribuant dans les trains en partance, à la descente des trains, à l'arrivée, aux Poilus affaissés sur des bancs ou à même le sol, boissons chaudes, mets variés; et toujours le grain de sel français, le bon mot parti du cœur qui réconforte.

A l'inverse des abeilles qui sortent de la ruche pour y revenir chargées de butin, elles entrent à leur cantine les brocs vides, les plateaux nets, et en repartent bientôt, chargées à nouveau de brocs de café, de pots de lait, de plateaux encombrés de pains chauds, de tartines, de viandes froides qu'elle vont, de porte en porte de wagon, de banc en banc, distribuer à leur clientèle poilue.

J'admire ces jeunes filles qui, malgré l'heure matinale, extra-matinale, malgré le temps (quel temps ! la pluie glaciale fait rage aujourd'hui) sont déjà loin de la ville où se trouve leur demeure, en train de ravitailler et l'estomac et le cœur de ceux qui viennent du combat, de ceux qui vont à la Bataille.

Oh ! que vois-je ?

Non, je ne me trompe pas... Assurons-nous.

— Pardon, Mademoiselle, ne venez-vous pas de l'avenue Duquesne ?

— Mais oui, Capitaine... Me permettez-vous de vous demander le pourquoi de votre question ?

— Pourquoi?... parce que... parce qu'il y a quinze jours, par un froid de canard, dans l'obscurité opaque de cinq heures du matin... parce que voilà huit jours, encore à cinq heures, mais par un froid d'eider et par un noir plus noir, je vous aperçus sortant de votre demeure et fus intrigué.

Voilà donc l'explication... c'est pour venir *Servir* que vous braviez...

— Que je bravais le qu'en dira-t-on ? Oui, Capitaine.

Et elle s'en fut, la brave enfant, s'empressant, portant, donnant, distribuant aux fils du peuple promus Poilus, tartines et pains chauds, tasses de lait et tasses de café, bonnes paroles et bons souri-res.

Voilà à quoi passent leur temps, de 1914 à 1917, les jeunes filles de l'Arrière.

LA VEUVE MILLION

Juillet 1915.

Toc... toc... toc...

...trez !

— Une dépêche pour vous.

— Merci.

J'ouvre l'enveloppe pneumatique :

« Monsieur,

« Pardonnez-moi si je me permet de vous écris ces que je me trouve dans une grande peine car pour soigné mon pauvre garçon chez moi je me suis fait des Dettes et Malgré ça je n'est pas pu le guérire mon pauvre malheureux enfant n'avoir jamais été malade, il na contracté une congession pulomnère et ses pauvres pieds gelés dans les tranchez. Vous ne pouvé vous faire un idé le chagrin que j'ai car perde un enfant à 20 ans la plus belle âge. J'ai jamé mendier à personne, mais mon Enfant va mourire et j'ai rien à lui donner, alors ma voisine m'a di, comme sa que vous c'était vot afère — alors véné vite.

« J'ase espéré que vous ne ma bandoneriez pas et je vous encerait bien reconnaissante votre toute dévouer servante trées respectueuse femme Monsieur

Veuve MILLION,

rue   n°.

« Vené vite surtout. »

Le premier mouvement — je m'en accuse — fut mauvais. Une enveloppe de trente centimes, quel gaspillage! Et puis cette rédaction... du chiqué!...

Et je lançai le papier dans la case décorée de l'étiquette : ATTENDRE. . . ..

Mais je l'en retirai aussitôt.

Le dilemme est simple : ou j'ai raison, et alors je secouerai la femme ; — ou j'ai tort, et c'est moi qui dois être secoué.

Dans le doute, pas plus longue hésitation n'est permise. Vite, allons, rattrapons les minutes perdues.

— Allons vite, Planque, rue... N°...

Les pneus boivent l'obstacle. Planque est un

virtuose du volant. Nous voici arrivés. Nous n'avons écrasé ni poules, ni canards, c'est qu'il n'y a ni poules, ni canards à Paris ; mais ce qu'on a frôlé, rasé de gens !... Enfin, j'étais pressé. Ne perdons pas de temps.

La rue n'est pas luxueuse, ça non ; elle n'est pas propre, ça oui; le ruisseau laisse couler un liquide noirâtre et mal odorant ; la façade de la maison est lépreuse, la porte étroite est peu hospitalière. Il n'y a pas de concierge. Mais le mastroquet, dont la boutique ouvre sur la rue, a aussi une porte dans ce couloir.

Entrons chez le mastroquet. Quelle horreur ! l'odeur vous prend à la gorge. Mais dépêchons.

— C'est dans cette maison que demeure Madame Million ?

Que ce nom est ici riche d'ironie !

— Oui, Monsieur, j'vais vous conduire, c'est au cintième, — Prenez garde, il y a tun pas.

Diable, ce n'est pas un pas, c'est tous les pas devant lesquels il faut prendre garde dans cet escalier infâme, aux marches branlantes, usées, visqueuses...

A mon sens, il y a au bagne des hommes qui sont moins coupables que les gens qui louent de pareils bouges, de semblables taudis !

Enfin, l'ascension est terminée, le bistro nous quitte sur le palier, si l'on peut dénommer ainsi une languette de sol aux carreaux ébranlés.

— C'est la troisième porte à droite.

— Merci.

Une porte, deux, la troisième est béante.

Du seuil, voici ce que l'on voit :

Une étroite chambre ; la fenêtre est grande ouverte ; des débris qui furent sans doute jadis des meubles, un bois de lit remplissant la moitié de l'espace ; sur le bois de lit, une maigre paillasse, sur la maigre paillasse, sans draps, un maigre cadavre en courte chemise.

Devant, à genoux, une vieille, si vieille, médite et écarte les mouches qui se posent sur la face du mort.

Elle ne me voit pas, et moi aussi j'ai le temps de méditer...

Elle n'avait dit que trop vrai la pauvre mère... Son gars, son petit gars de 20 ans... elle le perdait.

Je ne saurais continuer plus longtemps à décrire la scène cruelle, l'angoisse crispée sur la face terreuse du petit soldat se reflétant sur la face livide de la mère douloureuse... Non, c'est un tableau macabre qui me fait frissonner encore à ce moment où je l'évoque.

. . . .

J'attendis en silence, j'attendis longtemps, oui, bien longtemps...

Enfin, la femme tourna la tête, elle m'aperçut et se releva.

Elle ne m'avait jamais vu et cependant me dit simplement :

— C'est vous...

Elle me raconta le retour du pauvre petit — pas assez malade pour être gardé à l'hôpital, assez toutefois pour être envoyé en convalescence. — Sa lutte contre le mal, lutte atroce contre la Camarde inlassable, — lutte contre la misère, — lutte contre le logeur qui avait retiré la couchette du pauvret auquel la mère avait cédé son lit, veillant sur une chaise... depuis des semaines, — lutte contre le logeur qui venait de retirer les draps de peur que la mère n'en fît un linceul à son fils.

Infamie! Horreur! Rage!

C'est moi qui crie ! qui suis horrifié ! qui rage !

Car la pauvre femme reste douce, douloureuse, résignée.

Elle subit le sort, elle courbe l'échine, n'est

pas révoltée, mais vraiment elle trouve la vie dure.

Son mari, son bon mari, dit-elle, est mort; elle a souffert, mais, malgré la misère, est restée fière, n'a pas voulu demander autre chose que le dû, l'allocation, et si elle s'est adressée à moi c'est qu'elle croyait que son petit malade... avait droit.

Ne la détrompons pas.

. . . .'

Planque, appelé, va, file et revient du proche magasin rapportant deux draps blancs.

Un regard de reconnaissance infinie nous paye au centuple.

Et ayant fait ce qui devait être fait, ayant salué bien bas la dépouille du petit soldat, nous quittons la veuve Million.

Qui saura dire l'infini de la délicatesse des gens du Peuple ? qui dira l'ingénuité, l'ingéniosité de leur tendresse ?

Deux jours après, la pauvre mère Million se faisait annoncer.

— Je vous apporte, Monsieur, *Sa* photographie et une fleur de *Sa* couronne... . .

Il n'y a pas de commentaire au geste de cette femme, de cette femme du Peuple de France.

LE BEAU DIMANCHE

Le Printemps attardé montrait enfin son front radieux, couronné d'un léger feuillage, et semblait vouloir regagner le temps perdu. C'était dimanche, il faisait beau. Le Soleil, délivré de la prison hivernale où il avait prolongé son séjour à l'excès, brillait. Mais ses chauds rayons qui, à une époque moins tragique, auraient allumé dans nos cœurs la flamme de la joie, ne chassaient pas tout à fait le froid des attristantes pensées. Malgré soi, l'on songeait à ce contraste, apporté par le retour de la printanière saison : d'un côté, la sève montante, la pleine efflorescence, l'œuvre de vie; de l'autre, la reprise de l'activité guerrière, la canonnade à outrance, l'œuvre de mort.

Non, dans des moments pareils, on ne peut pas avoir de franche et complète satisfaction, sans idées noires de derrière le crâne. La clarté même du jour le plus pur est atténuée, obscurcie par l'aile sombre des regrets qu'a causés le deuil d'hier, des craintes qu'inspire le deuil de demain...

Toutefois, dans la rue large et claire, des gens semblaient contents et allaient profiter du beau dimanche. Les groupes, les couples défilaient assez gaiement. Mainte auto courait, claironnante, emportant une corbeille d'enfants babillards accompagnés de la mère et du grand'père. Plus d'un poilu permissionnaire, martial et bronzé, écoutait le rire un peu nerveux de sa compagne, qui lui faisait oublier l'habituel vacarme des canons lourds. Le coquin de Printemps ne perd jamais ses droits.

Au milieu de ce cadre presque de fête, une charrette de fleuriste pique une symphonie de couleurs tendres. Promeneurs et promeneuses s'arrêtent, en quête de frais ornements pour la boutonnière ou le corsage.

Et parmi ces personnes et ces choses jeunes, pimpantes, brillantes, une pauvre femme humblement vêtue de noir, portant un vieux fichu sur sa tête grisonnante, regarde les fleurs. Elle hésite, tournant et retournant quelques sous dans sa main ridée par le travail; les prix de la marchandise printanière paraissent l'effrayer. D'autant plus que ce n'étaient ni la violette, ni la primevère, ni le narcisse qui le tentaient; son choix était fait : quelques brins de muguet. Mais, derrière les clochettes blanches, se dressait, décourageante, une pancarte avec cette indication : *50 centimes le brin*. — La pauvre vieille était comme médusée.

— Vous n'avez pas d'autre muguet, un peu moins cher? demanda-t-elle à la marchande, d'une voix angoissée.

— Non, le muguet est rare. C'est du muguet qu'il vous faut?

— Oui, j'aurais bien voulu en avoir un brin. C'est malheureux, je n'ai que sept sous.

Et la pauvresse soupirait si lamentablement, avec un air si désolé, deux grosses larmes perlant sous ses paupières rougies, que la bouquetière en fut touchée.

— Eh bien, dit-elle, avec une pitié un peu brusque, on vous en donnera un brin pour sept sous, puisque c'est vous, mais n'en prenez pas l'habitude.

Et elle tendit un maigre brin de muguet à sa cliente peu fortunée qui s'en empara avidement, d'une main, tandis qu'elle comptait, de l'autre, ses sous à la marchande. Puis, réconfortée, la vieille s'en alla, portant son muguet comme si c'eût été un ostensoir.

Cette petite scène m'avait intrigué. Je suivis la femme qui, après quelques détours, entra à la mairie. Qu'allait-elle faire avec son muguet?

Elle marchait dans la salle publique où sont posées les affiches municipales, comme si elle eût été dans un temple, grave, recueillie, pieuse en quelque sorte.

Elle s'arrêta devant le tableau des citations à l'ordre du jour de l'armée. Et ses regards se fixèrent longuement, remplis d'une dévotion singulière, sur une fiche où était inscrit le nom d'un sous-officier, tué glorieusement à l'ennemi. Ses lèvres remuaient : elle priait silencieusement.

Puis elle s'approcha davantage; soudain elle piqua son brin de muguet derrière la fiche de citation, et s'éloigna comme à regret.

Un factionnaire, se rendant compte de ma surprise, me dit obligeamment :

— Cette pauvre femme a perdu son fils, un brave qui a mérité la Croix de Guerre et une citation pour la manière dont il est mort en Champagne. On ne sait pas où il est enterré, et, ne pouvant aller sur sa tombe, la mère vient ici, tous les dimanches, devant le tableau des citations.

Sans doute, autrefois, elle avait coutume de donner à son fils un bouquet de muguet porte-bonheur, lorsqu'arrivait le printemps. Aujourd'hui, sacrifiant jusqu'à son dernier sou, la Mère apportait à son petit le brin de muguet annuel.

LE CRUCIFIX

Le départ pour le front est une fête pour l'officier de l'arrière; la coutume veut à notre E. M. qu'on salue l'heureux partant, une coupe de champagne à la main.

Mais, tout de même, à nouveaux temps, nouvelles coutumes. La mitraille est faucheuse d'hommes et semeuse de veuves, d'orphelins... Le champagne faucheur de beaux louis d'or ne sème qu'une mousse blonde... Il faut changer.

Un camarade prend l'initiative chère au patron — Gallieni. — Il appelle Dé, lui confie les louis d'or.

— Va, lui dit-il, toi qui sais découvrir ce qu'il faut...

A l'heure du coup de l'étrier, le Général qui allait saluer le partant, la coupe en main, cligna de l'œil et, mirant le liquide...

— Quid? dit-il, quelle nouvelle marque?

— Du Crucifix, mon Général, répondit l'innovateur, du vermouth Crucifix. Et il dit que, pour une pistole, tous, nous avions coupe pleine, alors que les louis d'or...

Les louis d'or....?
Voici le rapport de Dé :
« Madame François,
Mari tué,
4 enfants : 9 ans,
                6 ans,
                5 ans,
                3 ans.

L'un d'eux, rachitique, exige des soins tout particuliers. Des démarches sont actuellement en cours à l'hôpital des Enfants, rue de Sèvres, pour qu'il soit envoyé à Berck.

Mme François a été ouvrière dans une usine de munitions, mais a dû abandonner son travail à la suite de rhumatismes.

N'a, pour subvenir à son entretien et à celui de ses 4 enfants, que 4 francs 25 d'allocation journalière et 10 francs par mois de la Mairie, soit :

4 francs 25 pour nourrir, habiller, chauffer et entretenir 5 personnes. Malgré cela, n'a aucune dette.

Bonne conduite; sa concierge fait d'elle le plus grand éloge.

Grande misère.

« Très intéressante. »

Trois jours après, le Camarade recevait cette lettre :

« Monsieur,

« Ayant terminés d'achetter tous ce qui m'étais le plus urgent, je m'empresse en vous adressant tous mes remerciements de vous donner le détail de mes achats.

« J'ai acheté deux paires de chaussure brodequins pour mes garçons, de l'étoffe à tablier pour école que je leur fais moi-même. Ainsis que des chemises pour mes petites filles. Le tout montant à 50 francs et dont je garde les autres 50 francs pour faire face honnêtement à ce passage si dur de la vie.

« C'est pourquoi, Monsieur, je viens vous priez d'accepter avec tous mon profond respects mes plus grands remerciements de nous avoir sortis de ce moment de misère. »

Veuve FRANÇOIS.

*
**

Les louis d'or s'étaient mués en vraies per-les : « 50 francs! pour faire face honnêtement à ce passage si dur de la vie. »

Aussi, maintenant, quand à l'E. M. on fête le départ d'un camarade pour le front. Dé trotte, galope en quête de nouvelles vraies perles et... « pour faire face honnêtement... » on verse le « Crucifix ».

SIX PETITES FILLES SUR LA ROUTE

23 décembre 1914.
10 heures soir.

Le vent fait rage, la pluie cingle sur les vitres aussi violente que grêle, la rafale déferle sur la terre ébranlée comme sur une mer démontée.

Quel temps pour les poilus du front!

Quel temps pour les miséreux de l'arrière!

Que ne pouvons-nous leur donner un peu de cette douce chaleur qui nous entoure?

. . . .

La femme taille une layette pour l'enfant qui vient de naître hier d'un poilu tué avant-hier et d'une mère morte aujourd'hui; la fille tricote des chaussettes de laine pour le filleul, Alpin, mineur en temps de paix dans le Nord, où sont prisonniers des Boches sa femme et ses chers enfants. Nous, ajoutons un chapitre à cet inventaire d'héroïsmes et de misères, de gloire et de douleurs.

. . . .

— On sonne.

Qui peut venir à cette heure? par ce temps?

— Soon, le serviteur chinois, annonce :

— « Une femme. »

Pas de nom, pas d'indication...??? Après tout, il n'y a qu'à voir pour savoir.

— Qu'elle entre.

Et s'avance un paquet de hardes ruisselantes surmonté d'une tête aux cheveux en mèches que la pluie a plaqués sur la face tragique, sans chapeau, sans manteau...

— Que voulez-vous, Madame?

— Voilà, Monsieur, le Commissaire m'a dit comme ça, il n'y a que le... que vous, Monsieur, qui puissiez faire la chose...

— Quel Commissaire? quelle chose? Vraiment c'est étrange.

— Le Commissaire de Police, Monsieur; la chose, voilà, c'est rapport à cette lettre qui me rend folle.

— Quelle lettre?

— La voilà. — Et, posant à terre le vieux parapluie qui a déjà laissé couler un petit lac sur le tapis, la femme cherche, dans une poche, puis dans une autre, l'objet qu'elle ne trouve pas.

Enfin, rappelant ses souvenirs, elle ouvre son maigre corsage et en tire un chiffon de papier.

« Ma Tante,

« C'est pour te dire de venir à notre secours, sans cela les petites seront mortes.

« Ma Tante, viens vite à notre secours. Les Boches nous ont chassées de la Bassée ; alors nous avons été sur la route. Des soldats français ont été bien bons et nous ont donné à manger. Mais, comme on ne pouvait pas rester, on a marché. Mais, comme les routes étaient pleines de soldats, on n'allait pas très vite, et surtout rapport aux petites dernières.

« Enfin, ma Tante, on est arrivé comme ça à Saint-Pol, où une bonne femme nous a gardées.

« Mais, ma Tante, elle n'a plus le sou et va nous remettre sur la route. Pour sûr, cette fois qu'il fait froid, les petites y resteront. Ah ! ma Tante, ma Tante, viens vite à notre secours !

« C'est pas pour Zélie et pour moi, ni pour Berthe et Zoé, mais, ma Tante, c'est rapport à Jacqueline et à Jeannot, mes pauvres petites. Ma Tante, ma Tante, ne les laisse pas mourir, viens vite !

« Ta nièce dévouée. »

VIRGINIE.

— Sapristi!... Sapristi!...

Le cas est intéressant; mais qu'y puis-je?

— Madame, c'est très triste, mais je suis impuissant.

Bast, voilà la femme qui pleure, gémissant et affirmant — Dieu sait pourquoi! — que seul (le Commissaire le lui a affirmé) je pouvais résoudre la question.

Bougre de Commissaire!

Que faire? que faire?

Ah! il y a le curé du deuxième...

Je n'aime pas les Curés. Cependant celui-là m'a déjà aidé à soulager des misères.

Allons-y!

— Attendez-moi, Madame, je reviens.

Et je descends chez l'abbé Ix.

C'est lui-même qui m'ouvre. Mis de suite au courant de la question, il s'écrie que la Providence m'amène — ils sont tous les mêmes. — Dans la journée, un chanoine lui a parlé d'une personne prête à recueillir des orphelins.

— Allons-y de suite, dit-il, demain il serait trop tard.

Je regrimpe prendre un manteau et prévenir la femme que le nécessaire va être fait, que demain je serai chez elle à l'aube.

Et, par la pluie, je pars avec le Curé. Il est plus petit que moi et c'est moi qui en attrape le plus.

II

Le lendemain, je revis la femme.

Elle commença par me raconter l'invraisemblable histoire qui va suivre.

J'ai contrôlé les faits, tous les faits, sur pièces et actes, actes de décès, hélas! Ils sont exacts, sinistrement exacts, je m'en porte garant.

Elle, — nommons-la Mme Dupont —

Père tué au front,

Mari tué au front,

Fils au front,

Fille mariée, — Gendre au front,

Fille infirmière,

Sœur, Mme Durand, mère des enfants errants, morte à la prise de la Bassée,

Durand, leur père, tué au feu!

Les enfants sont six : 14 et 13 ans, deux jumelles de 9, deux jumelles de 4 ans.

Je n'invente rien, je ne charge rien; j'ai vu, lu, contrôlé.

Et la femme est droite, ferme, elle a retrouvé

tout son courage et se tient prête à tenter l'aventure, à aller chercher les pauvrettes errantes.

Nous allons remplir toutes les formalités utiles à son déplacement. Le Commissaire de Police — il faut bien qu'il travaille, puisque c'est lui qui a déclanché l'histoire, — établit de suite le permis de circulation, lui-même, s'il vous plaît, et il le signe sans nous avoir fait revenir. — Au G. M. P., car il faut le visa militaire pour pénétrer dans la zone des Armées, les camarades signent, paraphent immédiatement. Tout est prêt. Nous trouvons l'Abbé qui donne à la pèlerine le viatique sous la forme de quelques billets bleus.

Je n'aime pas les Curés : mais, celui-là, n'y touchez pas, vous savez!

Car voilà la femme, hier désolée, qui sourit aujourd'hui et se déclare heureuse.

Elle va partir; elle va vers le ciel plus froid, vers la pluie plus glacée; elle va passer cette nuit de Noël dans la brume et les glaçons. Qu'importe le givre, qu'importe le brouillard qui glacera ses membres? Le cœur est réchauffé; c'est une Française en route, une Française qui marche où le Devoir l'appelle.

III

30 décembre 1915.
9 heures soir.

Il ne fait ni plus beau, ni plus chaud qu'il y a 8 jours; les vitres sont également crissées par la pluie, aussi drûment, aussi âprement.

Quel temps pour les poilus du front !

Quel temps pour les miséreux de l'arrière!

La femme écrit à des infortunées dont la blessure morale appelle les soins que son cœur sait prodiguer; la fille fabrique des fanfreluches pour une vente de charité. Allons, nous, ne flânons pas; travaillons à ce dossier de misères glorieuses, de gloires ignorées.

On sonne...

Soon, le domestique chinois, annonce avec son flegme asiatique :

« La femme. »

Et la femme se montre sur le seuil du studio, aussi mouillée qu'il y a huit jours, mais la face souriante; sans manteau, sans chapeau, mais avec l'auréole du triomphe.

— Voilà, Monsieur, c'est nous !

Elle se déplace, paquet de hardes ruisselantes, fumantes, et démasque les six petites filles qu'elle a été chercher sur la route, là-bas, au milieu des armées, dans la boue, dans la fumée des canons, les six petites filles qui seraient mortes de froid et qu'elle a été arracher... au hasard.

La femme et la fille ont vite fait d'organiser une collation. Ça ne dure pas longtemps; tout est vite rasé, nettoyé, enlevé. — Dam! six petites filles qui viennent du froid, du feu...

Les pauvrettes, réchauffées, restaurées, commencent à s'apprivoiser. Elles bavardent, jacassent. Jacqueline nous dit comment faisait l'obus de 200... « Chi.i.i... Boûm!! » Jeannot raconte que l'obus de 420 faisait « Chu.u.u.u.. Baoûm!! »

Pauvres innocentes, pauvres orphelines! Ce moment, fugitif, est une toute petite escale pour elles entre le passé si tragique et l'avenir... Mais, bast! la Providence... Allons, voilà que je vais parler comme l'Abbé!

A propos, il ne faut pas l'oublier, celui-là.

— Hé, Madame, je n'aime pas les curés; tout de même, allons remercier l'Abbé Ix et lui présenter ses nouvelles pupilles, les six petites filles qui viennent de la route.

FEMMES D'OFFICIERS

L'ALSACIENNE

I

L'Avenir rose.

Mai 1914.

Mariage d'amour, tel que seuls en imaginent les romanciers, l'union de deux êtres charmants, assortis à souhait, doués tous deux, lui des mâles vertus du Lorrain, elle de la grâce pensive et réfléchie des Alsaciennes. Il est de Thionville. Elle est de Thann.

L'amour les transporte, la vie n'a pour eux que des sourires ; mais pour ces âmes d'une forte trempe le Devoir reste au Foyer. Semblable à ces rosiers grimpants dont les tiges odorantes et flexibles s'élèvent parfois jusqu'au faîte des chalets, le bonheur conjugal ne matérialise pas leurs pensées, il les exalte au contraire ; et quand les yeux des jeunes époux ont cessé de lire l'amour dans leurs mutuels regards, ils se tournent d'un mouvement instinctif vers la ligne bleue des Vosges, vers les pays où reposent les vieux parents : la Lorraine, l'Alsace.

Oui, vraiment, l'Avenir est rose : deux jolis enfants égaient le foyer; à trente ans, il est capitaine.

Cependant, sacrifiant ses goûts aux exigences de la carrière, il a quitté sa chère Lorraine et son bataillon de Vitriers; il est parti pour le Maroc où il guerroie avec les Tirailleurs. Le quatrième galon est proche, la Croix est pour cette année, car les occasions n'ont pas manqué dans le Bled. Encore quelques efforts, quelques années, quelques coups de sabre... Les Etoiles!!!!

Et la chère compagne sera : Madame La Générale...

Et les enfants : Saint Cyr!

Vraiment, oui, l'avenir est rose.

...rouge.

15 juillet 1914.

Le ciel s'est assombri.

Le tonnerre gronde et les nuages se sont amoncelés dans l'Est.

Le Capitaine a reconnu les signes avant-coureurs de la formidable éruption qui couve depuis tant d'années. Il obtient de rentrer en France, s'embarque, rejoint en hâte son cher bataillon de Chasseurs; mais il faut des Cadres ailleurs. Il est muté au 3ᵉ Régiment d'Infanterie.

Premier Août 1914.

Ce sont les jours de fièvre, inoubliables, où passait l'âme même de la Patrie.

Entre deux trains, un baiser à la femme, une étreinte aux enfants, le Capitaine est parti où le Devoir l'appelle... Quelles heures pour un Officier du pays de Lorraine! l'instant enfin venu de reconquérir la terre des ancêtres, de refaire sienne cette glèbe natale que souille depuis quarante-quatre ans la botte de l'ennemi! Et puis, l'ivresse du triomphe escompté, certain : la guerre sera brève, les coups de sabre seront rudes. Tant mieux, les étapes seront plus vite franchies — les étoiles plus proches. — Et dans le train qui emmène tous ces hommes vers la ruée, l'Officier sourit à l'évocation d'une image très douce : ..... Madame la Générale.

...noir.

14 Août 1914.

Bsi.i.i.i..... clac !

Envolé le rêve rose.

Place au rêve rouge!

Une balle de mitrailleuse a passé dans un vrombissement d'abeille sinistre. L'homme est mort — net.

xve Corps d'Armée.
   N° 4115/p.

ORDRE GÉNÉRAL N° 189
à l'Ordre du Corps d'Armée.

Le Capitaine H... du 3e Régiment d'Infanterie.

Brillant Officier, d'une haute valeur morale et militaire. A fait une reconnaissance dangereuse dans la matinée du 14 Août. A été tué le même jour en entraînant vaillamment sa compagnie au combat.

Le cauchemar noir commence pour la Femme.

II

CROIX DE GUERRE

8 octobre 1915.

La jeune femme, blanche sous son voile noir, menue mais droite, sobrement vêtue, mais de la suprême élégance militaire : gants blancs. Avec elle un garçonnet de six ans, son fils, en deuil.

Elle vient, toute recueillie, avec un air presque religieux, douloureuse et fière, recevoir la Croix de Guerre posthume décernée à son mari, Capitaine de Chasseurs à pied, tué en Champagne à la terrible offensive de la Division Marchand. L'enfant redresse sa petite taille, il crâne déjà, petit chasseur en herbe.

Le Chef d'Etat-Major, avec un tact parfait et une sobre dignité, va remettre le bijou tragique à la femme. Celle-ci soudain a senti dans sa main une petite main se crisper, étreindre la sienne. Son

regard furtif descend jusqu'au petit visage bouleversé, et, défaillante elle-même, dans un immense
élan d'amour maternel, elle désigne d'un cillement
d'yeux, d'un geste à peine esquissé, le petit garçon
à l'officier qui se penche... Il a compris. Se ravi-
sant, soldat, il remet au fils du soldat tué à l'ennemi la croix de sang.

Le chef d'Etat-Major a eu le geste...

Il est intraduisible ce geste. Mais Diable, si
vous aviez vu cela... Très bien... vous savez. Vous
auriez fait : hum!... hum!... et vous auriez eu l'air
de ravaler quelque chose.

L'officier, grand, souple, la taille cambrée,
l'œil clair s'était dressé devant ce petit, ce tout
petit, et venait de le sacrer Homme, en lui donnant le legs d'honneur...

Ce geste muet, ah! que de choses il disait!

Si les oreilles n'avaient rien perçu, les âmes
avaient entendu, et lui, le petit, le tout petit avait
entendu l'ordre :

— Toi, tu seras soldat!

— Toi, tu vengeras ton père!

Devant ce Chef, malgré l'émotion qui les
étreint, la Femme d'Officier, l'enfant d'Officier
gardent la stoïque apparence du calme. Ils veulent
être au diapason du mort, ils veulent ne pas fai-

blir, ils sont de marbre et d'acier. On les voyait, — c'était la parade.

La mère et l'enfant se raidissent, se maîtrisent, ils ont le Cran. Il eût été nécessaire de les regarder de bien près pour apercevoir une crispation involontaire de la face, un furtif clignement des yeux, un tremblement des lèvres.

Pas une larme n'a perlé dans ces regards, fixés et desséchés par le vaillant effort d'une volonté qui ne se dément pas un instant. La Veuve et l'Orphelin ont même la force, le courage de parler : un bref remerciement sort de leur gorge serrée.

Le Chef d'Etat-Major s'incline respectueusement : l'Orphelin, serrant la précieuse Croix, salue; la Veuve esquisse une révérence...

Ils sont sortis. Le corridor est sombre, on ne les voit plus, ils défaillent. La Veuve redevient une femme désolée, et l'Orphelin un pauvre petit enfant.

L'enfant éclate en sanglots, il se jette dans les bras de sa mère; désespéré, il crie :

— Papa, mon cher Papa!

. . . .

Je les fis entrer dans ma case. Mes camarades étaient émus jusqu'aux larmes, retenues difficilement. Nos vieilles moustaches tremblaient. Qu'y faire? J'aurais voulu vous y voir!

Et il n'y avait rien à dire.

. . . .

Tout a une fin. La Femme de l'Officier, le Fils du Soldat tué au feu, s'en allèrent regagner leur gîte.

*
**

Le lendemain, je recevais cette lettre :

9 octobre 1915.

« Monsieur,

« Voulez-vous être assez bon pour m'excu-
« ser de n'avoir pas été, hier, maîtresse de mon
« émotion, devant celle de mon petit?

« Pour rien au monde, cependant, je ne
« voudrais que l'enfant ne comprît pas les choses
« comme il le faut. Ces souvenirs doivent le trem-
« per et contrebalancer ce que ma tendresse pour-
« rait avoir, malgré moi, de trop peu viril! »

Il y eut des mères à Sparte.

Nous savons où il y en a encore.

LA PARISIENNE

I

Les Roses rouges.

— Une dame demande si vous voulez bien prêter votre demoiselle?

— Hein? Quoi?

— On demande si vous voulez prêter Mademoiselle pour la journée?

— Mais qui, sapristi! qui est-ce qui se permet de me déranger aussi stupidement?

Le Chinois Soon un peu interloqué, mais toujours calme, répond :

— C'est la concierge, Monsieur.

— Fais-la entrer!

— Voyons, Madame, m'expliquerez-vous ce que signifie cette plaisanterie? Prêter ma fille! Pourquoi? à qui?

— Monsieur, voilà, c'est le Monsieur et la Dame du deuxième qui m'ont demandé de vous transmettre leur demande. Ce serait, je crois, pour accompagner Madame L... qui est dame patronnesse d'une œuvre pour le Maroc...

— Ah bien! ceci c'est autre chose. Dites à Mme L... que je la prie de bien vouloir me recevoir et nous allons éclaircir ce mystère.

C'est de cette bizarre façon que je fus amené à faire la connaissance d'un charmant ménage d'officier et d'aimables voisins dont jusqu'ici je n'avais qu'à peine soupçonné l'existence.

Paris, en effet, a ceci de particulier qu'on peut y vivre au centre d'un vaste immeuble, aux allures de caravansérail, tout en ignorant absolument la personnalité de ses voisins les plus immédiats, et en demeurant ignoré d'eux. La curieuse et tenace province ne permet pas cet incognito. Sous ses allures discrètes, avec ses portes closes et ses stores soigneusement baissés — comme des paupières, — avec ses rues calmes et peu fréquentées, elle reste aux aguets, avide de nouvelles, et prompte à la médisance. Monsieur un Tel a rencontré trois fois à la musique Madame Trois Etoiles! Et de suite les langues marchent et les commérages vont leur train. A Paris, rien de pareil; chaque quartier est une ville à part, que dis-je? chaque maison est comme un château fort isolé par ses ponts-levis. C'est à peine si, d'étage à étage, on se salue; et, certes, il faut une circonstance imprévue, comme celle qui m'amenait aujourd'hui chez M. et Mme L..., pour que la glace soit rompue.

Elle le fut le plus rapidement et le plus simplement du monde : la femme de l'officier avait accepté de quêter au profit des blessés du Maroc — une œuvre qu'elle patronnait, — et elle était heureuse de s'adjoindre une collaboratrice dont elle avait, disait-elle, remarqué la bonne grâce et la correction. De son côté, le capitaine L. joignait ses instances à celles de sa femme. Avec lui la conversation s'élargissait, il me contait ses campagnes et ses combats dans ce Maroc qu'il avait parcouru en tous sens et qu'il aimait. Il me disait quel intéressant avenir il présageait à ces terres conquises au prix d'un sang fécond; quelles populations de bergers et de guerriers, à la fois, il y avait à amener dans nos rangs, sous nos drapeaux peut-être, où ils feraient — le capitaine l'affirmait dans une sorte de prescience— d'admirables soldats.

Bref, l'œuvre des blessés du Maroc était de celles qui méritaient le plus dévoué concours, et mes charmants voisins m'eurent rapidement convaincu. J'acceptai donc de grand cœur de « prêter ma Demoiselle », selon la formule chère à ma concierge, laquelle, tout heureuse du succès de sa démarche, assista bientôt au départ de ces dames et voulut étrenner la première — la brave femme! — les tirelires fleuries et pavoisées.

Puis ce fut pour les deux quêteuses la longue promenade à travers les allées pleines de monde. Elles allaient, offrant leurs petites médailles et leurs fleurs tricolores en échange de pièces blanches et de gros sous. Suivant l'occasion et selon les physionomies, la demande savait être implorante ou coquettement exigeante; quelques boutonnières qui semblaient vouloir être récalcitrantes finissaient par se laisser copieusement fleurir, tandis que la main du supplicié par persuasion fouillait la poche ou entr'ouvrait le porte-monnaie.

— C'est pour les blessés du Maroc, Monsieur, laissez-vous fléchir!

— Merci, mon Général, merci pour nos blessés, disaient les jeunes femmes à un vieux Monsieur, monoclé, la rosette à la boutonnière.

— Mille fois merci, Monsieur, mais on ne rend pas de monnaie! Ceci pour un grincheux qui n'avait tendu qu'à regret sa pièce d'argent et semblait attendre qu'on lui rendît quelque chose...

Le soir vint : la recette avait été fructueuse :

les corbeilles, dégarnies des insignes et des petits drapeaux, l'attestaient surabondamment. Mais il fallait songer au retour, et ce fut une dernière tentative que voulut faire la jeune compagne de Mme L., en allant tendre sa tirelire au flot dévalant d'un escalier du métro. C'était une bande fleurie de roses et d'églantines rouges, retour d'un meeting anarchiste au lac Saint-Fargeau, une réunion protestataire contre « les trois ans ».

Les jeunes gens qui débarquèrent les premiers sur le boulevard, amusés par les petits emblèmes qu'on leur présentait et séduits par la grâce de la jeune fille, entourèrent les quêteuses; et les gros sous de pleuvoir dans la tirelire! Mais bientôt les fleurs rouges reformèrent leurs rangs, le cercle qui entourait la jeune fille fut blagué par les copains, et le cortège devint houleux. L'enfant voulut alors se dégager et rejoindre sa partenaire en fendant les rangs anarchistes qui la bousculaient légèrement.

C'est alors qu'un grand garçon au veston largement garni d'écarlate fit faire place à la quêteuse, en disant à celui qui lui barrait le passage :

— Laisse c'te p'tite môme, toi; mon frangin est au Maroc!

. . . .

Quelques mois plus tard, c'était la déclaration de guerre, l'affichage de la mobilisation générale et l'élan sublime de toute cette jeunesse vers la frontière, aux accents, non plus de l'*Internationale*, mais de la *Marseillaise*.

Et de ces réunions protestataires que restait-il? Ces emblèmes révolutionnaires, que sont-ils devenus? Ces fleurs rouges de l'anarchie, où sont-elles? Vous pouvez les chercher; elles sont toujours sur les poitrines, mais elles se sont muées, sur les tuniques des vainqueurs de l'Ourcq, en glorieuses Croix de la Légion d'Honneur. D'autres, plus sacrées encore, sont sur les torses empourprés de sang des héros morts au Champ d'Honneur : elles refleurissent sur leurs tombes où s'inclinent de grands coquelicots...

II

La Joie de Vivre.

12 avril 1914.

Dimanche de Pâques. Deux heures de l'après-midi. Une de ces radieuses journées du printemps parisien où les marronniers tendent coquettement aux premiers baisers du soleil le vert tendre de leurs jeunes pousses. De la terre rajeunie s'exhalent des senteurs âcres de sève; les bourgeons tendus crèvent de toutes parts en duvets veloutés; dans l'air léger flottent les chauds effluves de la saison rajeunie. Et de tout cela monte une saine griserie de renouveau.

Les promeneurs ont un air de fête dans les Champs-Elysées, dont les deux avenues sont séparées par des files d'automobiles étincelantes. Les enfants joyeux courent et rient follement ; les mères élégantes et jolies les suivent du regard, pendant que les hommes qui les accompagnent ou les croisent s'inclinent et saluent. C'est un élégant dimanche de Paris.

Descendant l'Avenue, un petit groupe se dirige vers le Concours hippique; et c'est un véritable éblouissement d'élégance, de fraîcheur, de jeunesse, que ces trois silhouettes parisiennes qui marchent dans du soleil. L'homme grand, svelte, élégant, cambré, la latte qui plie et se redresse, irréprochable comme sait l'être, en civil, l'officier homme du monde. C'est le capitaine d'Etat-Major, c'est sa jeune femme qui conduisent à la jolie fête mondaine leur petite quêteuse de « la journée du Maroc ».

L'œil charmé suit leurs souples attitudes, le rythme de leur démarche, les gestes ensoleillés, le chatoiement des couleurs claires.

C'est la jeunesse française, dans un lumineux décor parisien. La jeunesse française qui, le devoir honnêtement accompli, éprouve franchement la joie de vivre.

III

Tu ne pleureras pas.

Premier Août 1914.

La Mobilisation...

Lui, l'officier, est prêt.

Depuis des années, il la prépare; depuis quelques semaines, il la sait certaine.

Depuis quelques jours, ses affaires, celles de sa femme, sont réglées; depuis quelques heures, ses cantines sont bouclées.

Quelques minutes encore, il va partir.

Enfin, l'étreinte...

— Et tu sais, Marthe, si je dois ne pas revenir, *tu ne pleureras pas!*

Femme d'officier tu es, une Femme d'Officier ne pleure pas!.........................

. . . .

Elle, la Femme d'Officier, est prête.

Depuis des années, elle s'est préparée; elle est Infirmière Major; depuis des semaines, elle sait...

Depuis quelques jours, sa feuille de route est en règle; depuis quelques heures, sa cantine est bouclée.

Depuis quelques minutes... Il est parti... Elle sait, elle reste calme et fière.

Il est parti vers le Front.
Elle part vers l'Hôpital.

Derniers jours d'août 14.

Il est tombé en Alsace.

. . . .

La nouvelle en arrive...
« Et tu sais, Marthe, tu ne pleureras pas!...
« Femme d'Officier tu es, et une Femme d'Officier ne pleure pas. »

Elle entend la Voix de l'Aimé, de l'Adoré.
Elle se raidit... Elle n'a pas pleuré!

— *Je ne dois pas pleurer*, murmure-t-elle. Il me l'a dit.

Et elle retourne au chevet des blessés.

Chapeau Bas !

JOURNAL OFFICIEL DE LA RÉPUBLIQUE FRANÇAISE

Citations à l'ordre de l'Armée.

L...., Chef de Bataillon, à l'Etat-Major d'une armée : Brillant Officier, remarquablement doué, s'est constamment signalé dans son service d'Etat-Major; le 29 août, étant en liaison dans un corps et n'écoutant que son courage, a ramené au combat la ligne qui fléchissait et a été tué au cours de l'action.

LA LORRAINE

I

Que le monde est petit...

— Je vous le dis : Mon mari n'est pas mort.

— Cependant, ce bulletin de décès...

— Qu'importe !

— . . . .

— Je le sens, vous dis-je, il n'est pas mort...

. . . .

...Dieu ! Quel souvenir ! Cette assurance, cette foi !...

Et même cette date ! cette même date !

Ce jour ! ce même jour !... ah !

Madame, je vous crois, nous allons chercher, je vous tiendrai au courant.

Quel souvenir !

Oui, c'était en 1899.

Quelle réminiscence!

Que le monde est petit, que les créations de la nature sont restreintes, que restreints sont les gestes des hommes!

En quelques jours, maintenant, on fait le tour du Monde.

Au Yun-Nan, le lac de Kouan-I est la réplique de son frère du Bourget. La baie de Dakar n'est-elle pas échancrée sur le modèle de celle de Diego?

Et les hommes de 1914, ne sont-ils pas les mêmes qu'en 1794? Les Allemands d'aujourd'hui sont-ils dissemblables des Huns et des Vandales leurs ancêtres?

Ce drame que cette Veuve... cette Epouse, dois-je dire, vient de me narrer, c'est le même... c'est le drame de 1899.

II

« *Remember* »

25 décembre 1899.

C'est Noël. Par tradition, c'est fête dans la famille; de vieux amis sont réunis au salon. Dans la salle à manger, la table étincelle, sur la nappe s'alignent les vieux cristaux, les vieilles argenteries. A la cuisine, rôtit la dinde truffée, la dinde de Noël. Il est bientôt l'heure, on va se mettre à table; après la dinde, ce sera le pâté de Strasbourg, cadeau annuel de fidèles amis de la fidèle Alsace.

La femme de chambre vient m'annoncer qu'une dame demande à me parler. Elle me tend une carte — celle d'un ami qui me recommande : Madame Maréchal.

— Allons, faites entrer dans mon cabinet.

— Mes amis, je n'en ai que pour une minute, je reviens au galop.

Ma minute... dura une heure : et quand je

quittai la femme, ce fut pour prendre congé de mes amis, dire adieu à la dinde truffée, au pâté de foie gras des amis d'Alsace.

Ayant endossé la pelisse, pris bonnet de fourrure et couverture, embrassé ma femme et ma fille, je sautai dans la voiture attelée rapidement.

— Gare de l'Est! et rondement. Oui, je renonçais à la tradition de famille; je ne serais pas de la fête de Noël avec ma chère femme, ma fille, mes amis; je partais vers l'Est; j'allais prendre l'express de Nancy.

*
* *

Le train filait rapide dans la campagne recouverte de neige, antithèse bruyante de couleur, de mouvement, au milieu de ce blanc paysage endormi dans le calme. Et je classai dans mon cerveau, pour les bien méditer, les faits tragiques que Mme Maréchal m'avait narrés.

. . . .

En 1870, son mari, Capitaine dans un régiment d'Infanterie, avait été, avec toutes les victimes de l'infâme Bazaine, emmené captif en Allemagne. Il avait refusé de signer le revers pour partager le sort de ses hommes et, indompté, avait fomenté une folle révolte, étouffée dans le sang et... dans la mort lente du cachot.

Vingt ans sa femme fut veuve, veuve inconsolable, inconsolée. — Mais l'âme lorraine rayonnait en elle; elle espérait contre tout espoir. Un jour... elle reçut une lettre.. du mort.

Ah! elle l'avait bien dit! non, il n'était pas mort, il n'était que disparu!... La joie, la joie folle, après la sombre angoisse.

Mais le Calvaire n'était pas encore gravi. Le Capitaine, condamné au cachot, chaque fois que sa peine allait se terminer, la voyait augmentée pour un motif futile, pour un motif vain, pour rien, pour... le plaisir des bourreaux. Cependant, il lui était permis de donner des nouvelles, nouvelles courtes, brèves, mais enfin des nouvelles.

Après le silence, ces courts billets étaient la vie pour Mme Maréchal.

Un jour viendra où les bourreaux se lasseront, oui bientôt... c'est cette année, c'est ce mois-ci...

« Attends-moi pour Noël. »

Elle l'a ce billet, billet béni, billet de joie folle... Puis cet autre :

« Serai, 20 décembre, Paris. »

Et enfin ce dernier :

Pagny, 19 décembre 1899.

« Libre, attends-moi au logis. Arriverai demain matin. »

La femme attend, elle a eu fort à faire...

Le logis bouleversé arrangé, rajeuni, enrubanné, fleuri, il faut que tout ici chante la joie, il faut que tout sourie au cher revenant...

Elle est cependant angoissée... Va-t-il la reconnaître ? Les beaux cheveux blonds sont maintenant d'argent ; les yeux, les pauvres yeux qu'il aimait tant, sont troublés, vidés par les larmes... Elle a quitté ses vêtements noirs ; son âge, hélas ! ne lui permet plus le rose, mais un gris argenté ne lui messied pas...

Et la cuisine ! Le pauvre cher, après trente ans de supplice, il faut le gâter. Annette, la vieille cuisinière, est parée, son parc est approvisionné, ses casseroles sont prêtes à entrer en danse...

Les jours ont vite filé cette fois, les heures se sont envolées rapidement. Vite, vite, dépêchons. On n'entend au logis que ce cri : Vite ! vite !... vite !

Voici enfin le jour qui se lève, jour béni

entre tous, 20 décembre. Il neige; qu'importe ?
C'est du soleil dans le cœur. Vite, vite, Annette,
nous ne serons jamais prêtes. Vite, vite!

. . . .

Hélas! à l'encontre de celles du 19, les heures du 20 décembre furent lourdes, lentes...

Encore plus lourdes, plus lentes, celles du
lendemain...

Attente. Courses folles dans les ministères de
la Guerre, de l'Intérieur, télégrammes, lettres à
toutes les autorités de France, d'Allemagne. Rien.
Rien. Rien!...

Le Silence retombait une fois encore comme
la pierre d'un tombeau sur le cœur de l'infortunée.

Mais cette Lorraine n'est pas abattue, malgré tout. Il n'y a pas, il faut chercher, il faut trouver; et alors ce n'est plus une course, ce n'est plus
une galopade, c'est une ruée vers tout ce qui peut
l'aider à percer le mystère.

Depuis le 20, elle a vu Ministres, Généraux,
Députés, Sénateurs, Avocats, Policiers... qui n'a-
t-elle pas vu, où n'irait-elle pas pour rechercher
son cher mari?

D'amis en camarades, de camarades en relations, de relations en connaissances, elle va, elle court, elle vole. C'est ainsi qu'elle était, le 25, vers 5 heures, chez mon ami Gabriel A...

Gabriel savait mes liens de famille, d'amitié, de camaraderie, de relations dans l'Est. Il vient de m'envoyer Mme Maréchal.

J'ai entendu la douloureuse histoire, j'ai promis de chercher.

— Demain, Madame, je vous le promets.

— Demain, demain! Mais il sera peut-être trop tard.

— Vraiment, ce soir, je ne puis.

Sans doute mon affirmation a été molle. La vieille dame aux cheveux blancs me prie, me supplie... La voilà à genoux...

Qu'eussiez-vous fait?

Vous eussiez parbleu fait comme moi, vous eussiez abandonné la belle dinde truffée de Noël, le foie gras de Strasbourg, vous eussiez quitté comme moi les vieux amis, vous eussiez comme moi embrassé votre femme et votre fille — et comme moi, dans le train de Nancy qui roule bruyant, rouge et noir, dans la calme campagne couverte de neige immaculée, vous méditeriez...

III

L'Inconsolable.

A Nancy, à Pagny-sur-Moselle, à...

J'ai cherché, vu, interrogé, scruté; j'ai vu le bon Préfet Joucla Pelovi, l'énigmatique Schnœbelé, le brave chef de gare Guerschell, les discrets étudiants des pays annexés, Clairin si avisé, si ardent; et d'autres, et d'autres encore...

Des dénégations = — J'ignore... Je ne sais...

Des réticences = — Je doute... Je ne puis...

Des lueurs = — Je crois... Sans doute...

Des précisions = — Voilà... Voilà l'infamie...

Horreur!

Shakespeare aurait pu, seul, rendre l'horreur du crime de ces monstres...

Je restai terrassé par l'horrible vérité... A son évocation, mon cœur se serre encore.

Crime affreux! Comédie infâme! Sinistres inventions sorties d'âmes abjectes!

Ah! oui, je crache à la face de ces sinistres bandits, de ces Boches maudits !

Maréchal était toujours dans les geôles de Prusse.

Une fois, au bout de vingt ans de supplice, il avait pu, Dieu seul sait comment, faire parvenir un premier billet à sa femme.

Découvert, vendu, au second, il avait été puni plus cruellement encore et le Boche perfide avait, dans sa « Kultur » abjecte, inventé cette sinistre comédie : la correspondance d'espoir.

Puis, un Complice répugant avait, à la frontière, joué le personnage de l'Officier délivré, et, une fois l'acte de la remise joué,... s'était évanoui dans l'ombre infernale.

Maréchal restait enseveli dans les cachots de Kœnigsberg!

Sa femme devait rester l'Inconsolée... l'Inconsolable!

IV

25 Décembre 1916.

Mme Telmer a reçu l'avis du décès de son mari, le lieutenant Telmer, du 63° tirailleurs algériens. Elle a protesté, elle vient protester.

— Je vous le dis : Mon Mari n'est pas mort.

— Mais, ce bulletin de décès...

— Qu'importe !

— Cependant...

— Je le sens, vous dis-je, il n'est pas mort...

Le combat où ses camarades l'ont vu tomber n'a duré qu'un quart d'heure. Oui, attaque, contre-attaque, reprise, 15 minutes : son Capitaine me l'a écrit. Or, il est tombé à l'attaque, blessé certainement, mais pas tué, j'en suis sûre. Comment pourrait-il en être autrement, puisqu'à la reprise son corps n'était plus sur le terrain ?

...On se battait, on n'avait donc pas eu le

temps de l'ensevelir... Blessé, tombé, il avait dû se relever... Il est prisonnier, j'en suis sûre. Lorraine, je suis tenace, je le chercherai, je le trouverai.

Quel cran !

Quelle foi a Mme Telmer ! C'est la foi de Mme Maréchal !

Mais, attention ! Boches immondes, sinistres brutes, infâmes serpents, nous vous tiendrons !

Le lieutenant Telmer est dans une geôle, dans un cachot, en Silésie ou en Prusse. Il ne doit pas y être seul...

Alors, demain, au règlement des comptes, gardons des otages, autant d'otages que d'Officiers et d'hommes disparus. Que dis-je ? Gardons le double, car la peau d'un Boche ne vaut pas celle d'un Poilu.

Et ces otages étant bien bouclés, visitons, vidons tous les cachots, toutes les geôles, toutes les oubliettes allemandes.

Et s'il manque un seul des nôtres, eh bien... eh bien, à tous les Boches une cravate de chanvre, car il ne faut pas déshonorer la poudre.

A REIMS

SŒUR DE CHARITÉ

Le 9 mai 1917.

« Je vous remercie, mon cher Patté, de la bonne pensée que vous m'exprimez au sujet de ma chère Sœur. Mais je ne sais pas si, en répondant à votre désir, je fais un acte qui soit approuvé par son humilité. Je me risque, en tous cas, à vous donner satisfaction.

« Vous trouverez inclus le discours d'Hanotaux (du 25 novembre) sur les prix de vertu.

« Ma sœur est née le 14 septembre 1836. Elle est dans l'ordre des filles de la Charité de Saint-Vincent-de-Paul depuis 1865, et s'est trouvée déjà dans la guerre en 70-71, enfermée qu'elle fut dans Paris, pendant le siège. Elle était déjà Supérieure d'une Maison de Secours au 80 de la rue de Vaugirard.

« Elle est à Reims, depuis 34 ans, Supérieure d'un Orphelinat considérable, fondé par Mme Rœderer.

« La Guerre a transformé cette maison en asile de blessés, de réfugés des pays envahis, de réfugiés pauvres des premiers quartiers démolis.

« Ma sœur plane sur tout ce monde par sa haute sérénité, son moral à toute épreuve, soutenant les courages, l'élan de ses compagnes qui dépensent, sans un instant de faiblesse, les trésors de leur dévouement, et affrontent, sans aucune défaillance, les plus cruelles épreuves.

« Malheureusement, une lettre m'apprend, ce matin, que les séjours prolongés dans une cave humide éprouvent sa belle santé, qui avait jusqu'ici résisté à tout, et on commence à s'inquiéter d'elle.

« La crise du bombardement est plus terrible que jamais, et je me demande comment elle y résistera.

« On voudrait la faire partir. Elle ne consentira jamais à quitter son poste, qu'elle occupera jusqu'à son dernier soupir.

« C'est la femme forte de l'Evangile, dans toute l'acception du mot. Elle fait grand honneur à la famille et à la religion, dont elle est une des plus sublimes créatures.

« Voilà, mon cher Patté, tout ce que je puis vous dire sur cette sainte femme, et je suis persuadé qu'elle ne tient pas du tout à ce qu'on le dise.

« Mais je vous remercie, tout de même, d'avoir deviné qu'elle est une des pures héroïnes de l'effroyable tragédie qui se joue.

« Cordiale poignée de mains. »

Général des GARETS.

Vous avez lu :
Née en 1836...

***

Parcourons maintenant, au *Journal Officiel* de la *République Française* du 28 novembre 1915, le Compte-rendu de la séance de l'Académie Française...

Pages 8664 et 8665 :

« Hier, nos majors ont opéré de huit heures du matin à midi et de une heure à huit et demie du soir, sans une minute d'interruption... C'était terrible; ils n'en pouvaient plus le soir! ce n'étaient que têtes ouvertes, mains emportées, jambes fracassées, ventres ouverts laissant à nu le foie et l'estomac. Un obus avait éclaté dans une tranchée et fait tout cet ouvrage. Il y a quelque temps, un obus s'est abattu tout près de nous, et a foudroyé entre autres quatre officiers. On nous a apporté un corps sans tête, un tronçon dont les jambes étaient entièrement détachées, de pauvres êtres complètement mutilés. Je les ai ensevelis afin de pouvoir établir leur identité. Quel spectacle! Débarrassés de leurs vêtements, qui leur donnaient encore une apparence humaine, on se demandait ce qu'on voyait... »

« Qui s'exprime ainsi? qui se lamente en ces termes poignants? Une sœur anonyme de l'établissement des sœurs de Saint-Vincent-de-Paul de la rue Cazin, à Reims. Et elle ajoute :

« Ma sœur supérieure va bien et se montre vraiment la « mère admirable », la femme forte de l'Evangile. Malgré ses soixante-dix-huit ans, elle ajoute une page bien belle à sa longue et belle vie... Sa foi et sa sérénité ne se sont pas démenties une seule minute... Elle pense à tout, l'œil à tout (à la récréation, elle plie les compresses avec ardeur). C'est une ferveur de séraphin ! Elle entraîne tout son monde. Quand le bombardement était par trop fort et qu'il était impossible de dormir, elle courait bien vite à la chapelle et disait son chapelet, ou bien elle allait prier avec les petites orphelines pour les rassurer. » (Le trait n'est-il pas admirable et n'évoque-t-il pas le souvenir de Jeanne-d'Arc dont le frère Jean Pasquerel, son aumônier, a dit, en déposant au procès : « Elle lui recommandait fréquemment de lui rappeler le jour où les enfants élevés par les mendiants recevaient le sacrement de l'Eucharistie ; elle se rangeait auprès d'eux et recevait, en même temps que ces enfants, le Saint Sacrement)... »

« Et la sœur anonyme de Reims ajoute, parlant de la sœur supérieure : « A notre sentiment à toutes, c'est notre mère qui protège la maison par sa charité sans bornes et sa piété ! »

« Reims, Jeanne d'Arc, voilà ces noms encore une fois rapprochés et, encore une fois, il s'agit de la patrie.

« Tout a été dit sur Reims : parmi les victimes de cette guerre, c'est la plus haute. Reims a introduit la civilisation méditerranéenne dans les Gaules, c'est-à-dire dans l'Europe moderne; l'arc de triomphe de Constantin qui orne ses promenades est la porte sous laquelle le christianisme passa. A Reims, Clovis fonda la France. Jeanne d'Arc y paraît l'étendard au poing. Nos rois sont couronnés et oints de la sainte ampoule dans la cathédrale La cathédrale est le lieu sacré où nos peuples se réunissaient pour acclamer leurs chefs et offrir la nation à Dieu. Le mariage mystique de la France et de l'Éternel y était consacré à chaque renouvellement de règne et sanctionné par un miracle. La cathédrale de Reims était la plus noble comme elle était peut-être la plus belle des cathédrales. C'est à Reims que le vœu de la France s'exprimait dans un hymne de pierre, chantant, à tous les degrés de sa sculpture aérienne, les louanges du Seigneur. Là explosaient à la fois le cœur et l'esprit de la France. Toujours l'invasion détesta Reims parce que l'invasion trouva toujours en Reims sa borne. Jeanne d'Arc, dans ses lettres, appelait les habitants de Reims : « Mes chers et bons amis, les bons et loiaulx franczois de la Cité de Reims ». Il était inévitable que Reims fût frappée par les nouvelles hordes germaniques. Elles savaient, leurs chefs savaient, qu'en bombardant et incendiant Reims et sa cathédrale, ils frappaient au cœur et au visage cette France tant jalousée, cette France tant détestée.

« L'Académie des sciences morales a devancé l'Académie française en décernant un de ses prix les plus considérables au maire de Reims, M.

Languet. Mais, s'il est conforme aux volontés exprimées par M. de Montyon que son prix aille « aux personnes éminentes par leur vertu et leur dévouement », quel choix pouvions-nous faire, à la fois pour répondre à ces intentions et pour saluer Reims, la martyre, que de décerner notre plus haute récompense à la sœur des Garets, supérieure de l'établissement des filles de la charité de Saint-Vincent-de-Paul à Reims, à celle que la population, hélas ! décimée de la métropole proclame, avec la sœur anonyme, « la mère admirable » ?

Que dire après les nobles paroles d'Hanotaux ?

Nous taire et admirer.

L'INSTITUTRICE LAIQUE

Sur la ville martyrisée, les obus, depuis le matin, tombent en rafales avec acharnement. Dans le tumulte des explosions, des pans de mur s'écroulent, des nuages de plâtre obscurcissent les rues où se hâtent quelques rares passants cherchant un abri. Sans cesse le miaulement sinistre des projectiles, le fracas des éclatements, l'écrasement sourd des décombres...

Une femme glisse comme une ombre parmi le bombardement qui fait rage ; elle gagne le rez-de-chaussée d'une maison dans le sous-sol de laquelle elle a blotti sa classe de fillettes. Et soudain sa physionomie s'apaise, malgré le rapprochement progressif du bruit des obus : Mademoiselle Fouriaux, l'héroïque directrice d'école de Reims, vient d'entendre la voix posée d'une enfant qui récite une fable, le plus tranquillement du monde ; et rassurée, dirait-on, par ce calme qu'elle a su inculquer à ses élèves, elle descend prendre sa place auprès d'elles pour continuer son œuvre admirable et élever ces jeunes âmes à la hauteur des dangers qui fondent sur la France.

Durant de longs mois, une partie de la population s'obstina à vivre — si on peut appeler cela vivre — dans les sous-sols. Les maîtres d'école et, à leur tête, Mademoiselle Fouriaux, leur doyenne — elle était à Reims depuis trente-cinq ans — organisèrent les classes dans trois caves ; et les enfants se présentèrent en si grand nombre, pour suivre régulièrement les cours, qu'il fallut rouvrir les salles du rez-de-chaussée des bâtiments scolaires où — l'héroïsme est monnaie courante dans la cité de Jeanne d'Arc — se pressèrent bientôt *quatorze cents élèves*, malgré le danger continuel que présentaient les bombardements répétés.

S'imagine-t-on ce qu'il fallut d'indomptable énergie et de prodigieuse ténacité à Mademoiselle Fouriaux et à ses collaborateurs des deux sexes — car elle m'en voudrait de ne parler que d'elle — pour donner la trempe de l'acier à ces âmes d'enfants ?

Et quelle admirable moisson d'héroïsme elle sut faire germer par la magie de son inébranlable volonté !

Ecoutez ce trait, purement cornélien :

Un jour de bombardement intense, on amène dans les bâtiments scolaires un blessé que l'on panse. Quelques petites filles prennent peur, des larmes coulent, une émotion croissante menace de se propager.

— Pourquoi pleurez-vous, demande la maîtresse ?

Et les fillettes de répondre, dans une crise de larmes, qu'elles pensent à leurs mamans qui pourraient être blessées, car elles sont précisément sorties ce jour-là...

La maîtresse d'école réunit alors filles et garçons et leur dit simplement :

« Mes chers enfants, ceux qui pleurent en
« songeant aux dangers que courent leurs parents
« sont de bons enfants, que j'estime et que j'aime;
« mais je ne veux pas prolonger ou accroître jour-
« nellement leurs angoisses. A l'avenir, ceux et
« celles qui pleurent pourront rester chez leurs
« parents ; je les prie de me donner leurs noms. »

Tous les enfants se raidirent, et pas un seul nom ne fut donné : nul ne voulut avouer avoir pleuré! Au contraire, depuis lors, les explosions purent redoubler leurs ravages, incendiant les édifices et amoncelant les ruines : les élèves des écoles se faisaient un jeu de se précipiter sur les points où venaient de tomber les projectiles et d'en recueillir les éclats pour orner leur musée.

Voilà ce que devenaient les âmes adaptées à une vie toute d'énergie, sous une pareille direction.

Et lorsque la journée de la directrice de l'Ecole Maternelle de Reims s'était passée â ce sublime apostolat d'éducatrice sous les obus, croyez-vous que Mademoiselle Fouriaux considérait sa tâche comme terminée ?

Je dirai donc qu'une nuit, un hôpital rempli de blessés servit de point de mire à l'artillerie boche et un incendie formidable éclata, qui ne put être maîtrisé qu'au bout de vingt-quatre heures.

« Mademoiselle Fouriaux, dit le rapport
« officiel, aidée de onze autres infirmières, parmi
« lesquelles se trouvaient trois religieuses, par-
« vint à évacuer toutes les glorieuses victimes de
« la férocité allemande, frôlant ainsi la mort à
« chaque pas avec une sublime insouciance. »

Aujourd'hui, la croix de la Légion d'Honneur étale son glorieux ruban rouge sur le corsage modeste de la Directrice de l'Ecole champenoise, et la citation porte que Mademoiselle Fouriaux fut « un véritable symbole d'héroïsme. »

LE JOURNALISTE, LES OUVRIERS

Le Comité de l'Association de la Presse Républicaine départementale, réuni sous la présidence de M. Ferdinand Réal, vient, à l'unanimité, d'adresser l'hommage de sa profonde admiration et de sa vive sympathie à Monsieur Paul DRAMAS, Secrétaire de la Rédaction de l'*Eciaireur de l'Est* « qui fait paraître le journal, « depuis septembre 1914, sous le bombardement « de Reims et continue la publication en ce moment, malgré le danger toujours croissant, « ainsi qu'à ses collaborateurs et ouvriers. »

Le *Temps*, 16 mai 1917.

Et les lecteurs du *Temps* auront adressé, à l'unanimité l'hommage de leur profonde admiration à M. Paul DRAMAS et à ses collaborateurs et ouvriers!

Ils ont tenu, ceux-là ! Ils tiennent ! Ils tiendront !

Et les lecteurs du *Cran* enverront tous, à l'unanimité l'hommage de leur profonde admiration à M. Paul DRAMAS et à ses collaborateurs et ouvriers.

Quel Cran!

LES PROLONGES

LES PROLONGES

Les « Prolonges », les Sociétés Régimentaires d'anciens militaires, sont chargées de maintenir, dans la vie civile, la discipline qui s'acquiert, au régiment, par un long entraînement moral et par la pratique assidue des devoirs militaires.

La Prolonge, c'est le régiment qui se continue et qui, sans la tunique, sans le fusil, conserve ses soldats devenus des citoyens. — On y garde les traditions : le culte du drapeau, le respect des chefs, la solidarité entre compagnons d'armes, et ce magique stimulant aux belles actions qui s'appelle l'esprit de corps.

Les rapports de bonne camaraderie au régiment démontrent qu'il est encore la meilleure école humaine; de même, les rapports que les membres de Sociétés Régimentaires entretiendront avec les officiers du régiment actif auquel, respectivement, se rattacheront chacune d'elles, doivent prouver que les sentiments de discipline se marient fort bien aux plus nobles qualités du cœur.

Tout vrai Français est à la fois un soldat et un citoyen. Les vertus militaires sont indispensables à la vie civile, comme les vertus civiles donnent sa moralité supérieure, son efficacité, son honneur parfait à la vie militaire.

Et la virile éducation du soldat n'est pas sans avoir son importance sociale. Supposez que tous les travailleurs de notre pays de France arrivent à se pénétrer du respect hiérarchique, base de la véritable égalité, fondement de l'harmonie dans la cité, comme de l'ordre à la caserne et dans les camps, qu'ils ont appris à connaître sous les drapeaux. Cela ne nous apporterait-il pas une dignité, une sécurité, une entente magnifique et féconde ? Cela ne nous épargnerait-il pas à l'avenir bien des agitations, des inquiétudes, des crises du travail, des pertes pour notre production nationale ?

C'est à une franche et réconfortante fraternité d'armes que nous invitent les Sociétés Régimentaires. La prolonge du régiment est, ainsi que le régiment lui-même, une réunion d'égaux, mais d'égaux hiérarchisés, tout comme dans la Famille. La République a rendu — bien avant les inéluctables nécessités de la guerre — le service militaire obligatoire et égal pour tous les citoyens français. — Tous les privilèges, toutes les différences sociales, toutes les inégalités de situation et de fortune ont disparu sur le seuil du régiment ; il n'est plus resté que des soldats tous égaux dans le devoir, dans le service du pays. Cette égalité que la République intronisa dans notre armée, suivant la tradition la plus pure de la Révolution française, en est demeurée le principe essentiel, le lien indissoluble, le vivifiant esprit.

Le Régiment est, on ne saurait trop le répéter, l'école du devoir militaire, de la discipline, du patriotisme ; et par conséquent il est aussi l'école du devoir civique, surtout lorsqu'il est « prolongé » par la Société Régimentaire. Le soldat y façonne et fortifie non seulement ses membres, mais aussi et surtout ses sentiments. On ne marche bien au pas que lorsqu'on a dans sa poitrine un rythme vigoureux du cœur. Pour bien manœuvrer, il faut avoir le caractère formé aux vertus civiles d'obéissance noble, de résignation, de courage, de solidarité. Il faut avoir compris la puissance des forces morales, des « impondérables », s'en être imprégné, y avoir sacrifié les instincts étroits, bassement matériels. Voilà ce qui distingue les armées civilisées des hordes barbares. Le vrai soldat est celui dont l'âme s'est élevée jusqu'au culte du drapeau, qui se résume en deux mots : Honneur et Patrie.

C'est pourquoi il est indispensable de maintenir dans les réserves, parmi les hommes rentrés dans leurs foyers, les traditions du régiment, l'esprit de corps, la discipline, cet ensemble des lois de la morale et du devoir. Et il est d'une utilité profonde de resserrer les liens entre la société militaire et la société civile, de les souder l'une à l'autre. Ce but ne peut être atteint que par les Sociétés Régimentaires, prolongeant la vie militaire dans la vie civile. Et c'est ce qui donne une valeur si haute au rôle social des « Prolonges ».

Nous avons ici voulu montrer les vertus de l'arrière, les vertus civiles qui « tiennent », pendant que, sur le front, l'héroïsme coule à pleins bords. — Les « Prolonges » y ont donc leur place, surtout à l'époque extraordinaire où les âmes sont trempées par les plus solides épreuves et où il convient de conserver avec un soin jaloux les trésors d'énergie et de dévouement, d'union sacrée et de confraternité, de soumission à ce qu'exigent le salut de la nation et de la race, et leur glorieux relèvement, — trésors accumulés pendant l'admirable carrière du régiment en campagne, face à l'ennemi.

Les législateurs qui donneront aux Sociétés Régimentaires la plénitude de leur force légale, auront bien mérité du peuple et de la patrie.

I

HISTORIQUE
DES PROLONGÉS REGIMENTAIRES

Au lendemain de la guerre de 1870-71, tous les esprits soucieux de la régénération militaire de la France se préoccupèrent de chercher les moyens de donner au pays une armée en rapport avec ses destinées. La loi de 1872, puis celle de 1889, et, enfin, la loi dite de trois ans marquent les étapes successives de l'effort officiel fait dans ce but.

A côté de cet effort officiel, des tentatives diverses furent poursuivies par l'effort privé pour compléter en quelque sorte l'organisation légale et lui donner plus de force en continuant l'éducation militaire du soldat après sa sortie du régiment, en maintenant chez lui l'esprit de discipline et de patriotisme, en fortifiant dans la vie post-régimentaire les sentiments de camaraderie nés durant la vie régimentaire, en prolongeant, en un mot, le régiment par l'union indissoluble de tous ceux qui en font partie, qu'ils appartiennent à l'armée active, à sa réserve ou à l'armée territoriale.

C'est ainsi que se créèrent d'abord diverses sociétés d'anciens militaires ou d'unions patriotiques. Malheureusement, la plupart ne tardèrent pas à dévier de leur but initial. Les unes se bornèrent à fêter par des banquets certains anniversaires glorieux, d'autres se consacrèrent à la défense d'intérêts privés, quelques-unes versèrent dans le domaine politique. Leur défaut commun était de ne pas avoir de lien entre elles ni avec le régiment actif dont chacune procédait en principe. Ainsi, les efforts méritoires des promoteurs de ces sociétés se perdaient en résultats stériles et parfois fâcheux.

Vers l'année 1893, plusieurs personnalités, pour remédier à cet état de choses et ramener l'idée à son but initial, groupèrent ensemble les sociétés existantes sous le nom d'Union des Sociétés Régimentaires d'Anciens Militaires, et travaillèrent à transformer chacune des sociétés faisant partie de l'union, par des statuts appropriés, en une association amicale d'anciens militaires du même régiment, groupés ensemble et reliés à leurs jeunes camarades de l'active, quelque chose comme les Kriegervereine organisés en Allemagne.

Au bout de quelques mois, grâce à une campagne de conférences, le nombre des prolonges s'accrut rapidement et, dans chacune, le nombre des adhérents devint considérable. Le mouvement, parti de France, gagna la Russie où l'empereur Nicolas II mettait à l'étude l'organisation de sociétés analogues dans son empire.

En 1900, presque tous les régiments français avaient leurs prolonges installées dans les centres de recrutement et l'effectif total des membres dépassait un million.

Au cours de l'année qui précéda la guerre actuelle, en même temps que Guillaume II, à Posen, remerciait les anciens soldats de la province de Posnanie de contribuer à entretenir les sentiments patriotiques de la nation allemande, le général Foch, en prenant le commandement du 20ᵉ corps, à Nancy, le 24 août 1913, prononçait des paroles identiques à l'adresse des délégations des sociétés régimentaires de la région. Ainsi, des deux côtés de la frontière, était proclamée l'utilité des Prolonges.

Un mois auparavant, environ, Monsieur

Henry Paté, député de Paris, dans un article qui fut reproduit par divers journaux et qui s'appuyait sur une théorie développée par M. Clémenceau, précisait l'importance des Prolonges Régimentaires et l'étendue des services qu'elles étaient appelées à rendre à un pays comme la France, où l'armée s'identifie avec la nation tout entière.

« Pour être prêts, écrivait-il, pour accom-
« plir l'indispensable soudure entre le noyau ac-
« tif et les réservistes de l'armée active, ainsi
« qu'entre celle-ci et les formations de réserve,
« pour faire de nos forces mobilisables des ar-
« mées homogènes, un tout puissant prêt à se
« dresser dans un élan unanime et irrésistible
« contre un agresseur possible, pour réaliser ainsi
« l'idéal de la nation armée, il faut songer aux
« réservistes, encourager la création et l'existence
« de ces Prolonges. Au sein de ces sociétés post-
« régimentaires, chaque citoyen ayant terminé
« son temps de service doit venir, au contact des
« anciens camarades et des anciens chefs, entre-
« tenir intactes, toujours vivantes, toujours prê-
« tes, les qualités morales que nos cadres auront
« grandement contribué à développer pendant le
« service actif.

« Apprenons aux recrues, aux hommes-sol-

« dats, le métier de défenseur du sol avec toutes
« ses vertus, toutes ses exigences : c'est néces-
« saire, c'est bien. Mais faisons en sorte que cet
« enseignement conserve toute sa force chez tous
« nos réservistes, tant par l'accomplissement ju-
« dicieux des obligations légales, que par la fré-
« quentation des sociétés post-régimentaires.

« Chacune de ces Prolonges constitue un
« chaînon moral d'une organisation puissante où
« tous les citoyens-soldats, bannissant tout senti-
« ment susceptible de diviser et d'affaiblir, pour-
« ront se grouper dans un amour commun de la
« Patrie et se préparer constamment à assurer sa
« sécurité par les nécessaires sacrifices. »

Henry PATÉ,
Député de Paris.

dans l'*Action* du 25 juillet 1913.

Vers la même date, le général de Castelnau, au cours d'une conversation privée, se décla-
rait entièrement acquis à l'idée des Prolonges,
dont il attendait beaucoup, et manifestait l'intention de voir réunir un congrès pour favoriser le dé-
veloppement des Sociétés post-régimentaires.

Au Parlement, comme parmi les chefs de l'Armée, l'idée des Prolonges était non seulement acceptée, mais fortement encouragée, tout le monde ayant reconnu la nécessité d'une telle institution et son utilité pour la préparation de la nation à une guerre que chacun sentait fatale.

II

BESOINS NOUVEAUX

Besoins Nouveaux créés par la Guerre de 1914-1917 et la situation qui la suivra et utilisation des *Prolonges* pour répondre à ces besoins.

Cette guerre éclata. Le bénéfice de l'œuvre des Prolonges se manifesta dès le début par le magnifique élan de patriotisme et le remarquable esprit de discipline qui furent constatés d'un bout à l'autre du pays, parmi toutes les classes mobilisables.

Mais la guerre ne se traduit pas seulement par des combats. Derrière la façade brillante et glorieuse, il y a le dedans obscur et triste.

Il convient, en effet, de songer à ceux qui reviendront infirmes de la bataille, à ceux qui auront perdu leur emploi pendant la guerre et ne le retrouveront plus après, en un mot à toutes les misères qui sont la rançon des luttes les plus sacrées.

Il ne suffit plus maintenant de fortifier l'esprit de discipline et de patriotisme parmi les anciens militaires appelés à redevenir soldats, il devient nécessaire de resserrer les liens entre tous les membres de cette grande famille qui s'appelle le régiment, de façon que ceux d'entre eux que le sort a favorisés puissent venir en aide aux camarades se trouvant dans le dénuement.

Il ne s'agit pas seulement de secours en numéraire qui pourraient être distribués dans chaque société, au moyen d'une caisse spécialement constituée à cet effet et alimentée par les membres les plus fortunés. Assurément, ce mode d'assistance peut être précieux et on ne saurait le négliger, Mais il ne doit constituer qu'une partie des services qu'est appelée à rendre l'institution des Prolonges ; il ne doit être mis en œuvre que pour les cas les plus urgents où une intervention immédiate est reconnue nécessaire.

Une autre question, plus importante encore, se pose dès maintenant: celle des militaires qui, à la suite de leurs blessures, de la perte de leur emploi, des ravages exercés par l'ennemi sur leurs propriétés, se trouvent non seulement sans ressources, mais dénués de moyens de s'en procurer.

La Presse s'est déjà préoccupée de ce cas, qui est actuellement celui de très nombreux individus, qui sera de plus en plus fréquent à mesure que se prolongeront les opérations militaires. On s'est demandé s'il existait des œuvres charitables pour venir en aide à ces malheureux. On a proposé l'institution de bureaux gratuits de placement et de renseignements. Certains journaux ont organisé des bureaux de ce genre, les représentants des départements envahis ont installé des agences similaires, et là encore l'initiative privée s'est montrée animée du plus bel élan de solidarité.

Les grands penseurs se sont emparés de cette idée et, dans une magistrale conférence organisée le 17 décembre 1914 par l'Alliance d'hygiène sociale, sous la présidence de M. Léon Bourgeois, M. Emile Boutroux, de l'Académie Française, a exposé le programme imposé à la France de demain par les événements actuels.

Des œuvres sont en voie de création, toutes extrêmement intéressantes, comme celle des « Pupilles de la Guerre », ayant pour but de donner à tout enfant, dont le père a été tué au Champ d'Honneur, un tuteur ou une tutrice qui pourrait être, le cas échéant, un conseil pour la mère et un appui pour l'enfant.

Tous ces efforts sont louables et méritoires. Il se peut cependant que leurs résultats ne répondent pas aux espoirs fondés sur eux, pour des raisons analogues à celles qui, au lendemain de l'autre guerre, firent échouer les efforts tentés en vue de la constitution des Sociétés Régimentaires : manque d'expérience peut-être en certains cas, et surtout manque de discipline, grave défaut qui condamne à l'échec toutes les organisations touchant de près ou de loin à l'armée.

Les Prolonges, d'autre part, réunissent toutes les conditions requises pour assurer le succès de l'œuvre qu'il s'agit d'instituer et de mener à bien. Institutions essentiellement militaire, elles possèdent au suprême degré l'esprit de discipline indispensable. Elles ont de plus l'incontestable mérite d'exister déjà depuis longtemps, d'avoir des statuts, de posséder l'expérience nécessaire.

De plus, composées chacune de tous les anciens militaires d'un régiment donné, elles sont exactement l'image de la nation armée tout entière: toutes les situations de fortune se trouvent représentées dans chaque Prolonge. Si l'on ajoute à cela l'esprit d'étroite solidarité engendré et vivifié par le fait d'avoir combattu et souffert ensemblle dans les mêmes tranchées et sur les mêmes champs de bataille, confondus dans la masse du régiment accru de toutes ses réserves, comment concevoir une société plus apte à venir en aide aux victimes de la guerre que la Société Régimentaire?

Elle comprend des riches et des pauvres: les premiers alimenteront la caisse destinée à secourir les seconds. Elle comprend des patrons et des ouvriers : les premiers s'occuperont de trouver du travail aux seconds.

Les survivants seront tout désignés pour choisir parmi eux des tuteurs destinés à donner leur appui moral et matériel aux veuves et aux enfants des camarades tombés au Champ d'Honneur. Ceux revenus dans leurs foyers à l'issue de la guerre faciliteront aux familles dispersées la recherche des disparus, des prisonniers, des fugitifs.

III

CONCLUSIONS

Maintenant, il faut une *loi* qui soit la charte définitive de cette grande famille de citoyens-soldats, où se conserveront les plus pures, les plus viriles traditions de notre race, et qui donnera à la patrie une force, une sécurité sans cesse renouvelées et rajeunies.

Pour la rédaction de cette loi, je m'en remets avec la plus entière confiance, d'abord au chef de l'armée, au ministre de la guerre; puis à la pléiade des hauts conseils qui l'entourent, sans oublier les parlementaires éminents, les Painlevé, les Henry Paté, les Charles Dumont, les Henri Chéron, et tant d'autres — car je ne puis reproduire ici l'annuaire du Sénat et de la Chambre des Députés.

Ce seront eux qui rédigeront les *Conclusions* qu'appelle la question des Prolonges Régimentaires, et qui assureront à nos Poilus, pour le moment où ils seront de retour dans leurs familles, et aussi aux glorieux réformés n° 1 et n° 2, le foyer commun où ils trouveront moralement et matériellement tout ce qu'il leur faudra pour conserver leur discipline, leur camaraderie, leur magnifique entraînement au devoir, et l'appui du régiment, toujours présent, de l'armée, de la nation, de la patrie reconnaissante.

Et ils garderont toujours ainsi la ressource et la puissance suprêmes, cause de leur victoire, signe de leur noblesse, gage de leur grandeur de race : Le Cran!

LE PANACHE

LE PANACHE

Le brave Henri IV dit à ses soldats, au moment de livrer la décisive bataille d'Ivry :

« Si vous perdez vos enseignes, cornettes et « guidons, ralliez-vous à mon panache blanc : « vous le trouverez toujours au chemin de la « victoire et de l'honneur! »

C'est une des paroles les plus françaises qu'on ait jamais prononcées.

Un peuple comme le nôtre voit briller le panache bien ailleurs que dans le domaine du roman et de l'imagination ou de la parade. Il est à toutes les belles pages de notre histoire — comme l'a écrit le poète Rostand :

    . . . . *Malgré les rires pleins de baves*
Qui de toute beauté furent les assassins,
Le panache est toujours pour les yeux clairs et braves
    Aussi distinct au front des braves
    Que l'auréole au front des saints.

Une brise d'orgueil le soulève et l'entoure
Il prolonge en frissons chaque sursaut du cœur.
On l'a, dès que d'un but superbe on s'énamoure,
    Car il s'ajoute à la bravoure
    Comme à la jeunesse sa fleur.

Il faudrait toute une bibliothèque pour contenir la relation seulement des traits d'héroïsme empanaché qui abondent dans nos annales militaires.

Le panache, c'est le chevalier sans peur et sans reproche, Bayard, se jetant tout seul au devant de deux cents adversaires, à l'entrée du pont de Garigliano, qu'il défendit victorieusement pendant qu'arrivaient les renforts.

Plus tard, tombé mortellement blessé à Romagnano, après le passage de la Sésia, Bayard, entouré de chefs ennemis, disait au traître connétable de Bourbon, qui, étant venu voir le moribond illustre, le plaignait : « Il n'y a point de pi-« tié à avoir de moi, car je meurs en homme de « bien ; mais j'ai pitié de vous qui servez contre « votre prince, votre patrie et votre serment. »

Le panache, encore, c'est François Ier écrivant, après Pavie, à sa mère : « Tout est perdu, *fors l'honneur !* »

C'est Crillon, disant au ministre Sully qui lui

conseillait de quitter une plaine battue par le feu meurtrier de l'adversaire : « Quoi, mon grand « maître, craignez-vous les arquebusades en la « compagnie de Crillon ? Puisque je suis ici, « elles n'oseront approcher. » Sully lui tendit la main et resta avec lui sous la pluie des balles. A ce capitaine, Henri IV adressa la boutade célèbre : « Pends-toi brave Crillon ! Nous avons « vaincu à Arques, et tu n'y étais pas! » Quel panache ces lignes nous montrent, chez celui qui les a écrites et celui qui les a reçues!

Il y a, dans *Cyrano de Bergerac*, le rappel d'un trait historique bien connu, celui du comte de Guiche qui, à la tête de son régiment, s'étant laissé emporter trop loin, était resté seul au milieu des ennemis, des Espagnols. Pour se tirer du danger, il se débarrassa de son écharpe blanche, signe distinctif des cavaliers français et, se faisant prendre par les étrangers pour un des leurs, il chargea avec eux ses propres soldats, rejoignit ainsi sa troupe ; à ce moment, il se retourna contre les Espagnols ahuris, qu'il battit à plate couture. — Dens le drame de Rostand, le comte de Guiche

raconte, avec suffisance, ce bon tour, au bivouac,
devant les cadets de Gascogne. Alors Cyrano in-
tervient et exprime, avec une vigueur saisissante,
ce que doit être le panache pour un soldat.

Voici la scène :

DE GUICHE

Eh bien que, dites-vous de ce trait?

CYRANO

Qu'Henri quatre
N'eût jamais consenti, le nombre l'accablant,
A se diminuer de son panache blanc.

DE GUICHE

L'adresse a réusssi, cependant.

CYRANO

C'est possible.
Mais on n'abdique pas l'honneur d'être une cible.
Si j'eusse été présent quand l'écharpe coula,
— Nos courages, Monsieur, diffèrent en cela —
Je l'aurais ramassée et me la serais mise.

DE GUICHE

Oui, vantardise, encor, de Gascon.

CYRANO

Vantardise?
Prêtez-la moi. Je m'offre à monter, dès ce soir,
A l'assaut, le premier, avec elle en sautoir.

DE GUICHE

Offre encor, de Gascon! Vous savez que l'écharpe
Resta chez l'ennemi, sur les bords de la Scarpe,
En un lieu que depuis la mitraille cribla,
Où nul ne peut aller la chercher.

CYRANO

(Tirant de sa poche l'écharpe blanche.)
La voilà!

Cyrano avait risqué sa vie pour ramasser l'écharpe que de Guiche avait jetée pour sauver la sienne.

Et c'est Cyrano qui a raison. La ruse ne nous est permise que lorsqu'elle ne nous expose pas à perdre notre écharpe — ou notre panache.

Telle fut l'opinion du chevalier d'Assas, se sacrifiant près de Clostercamp — pour avertir l'armée française qui allait être surprise par les Prussiens de Brunswick — et s'écriant, devant la mort certaine : « A moi, d'Auvergne, voilà l'ennemi ! »

Ainsi pensait, également, Joseph Barra, ce tambour républicain de douze ans, qui, pris par les Vendéens insurgés et sommé de crier : Vive le roi ! répondit : Vive la République ! et mourut, fusillé, en exhalant dans ce cri superbe sa jeune âme de héros.

Le panache, ce sont les marins du *Vengeur* qui continuèrent à lutter, même en s'enfonçant dans les flots, et « chantant du fond des abîmes. » — C'est le sergent Triaire, faisant sauter, pendant la campagne d'Egypte, la redoute d'El-Arisch et s'ensevelissant avec les Turcs, qui venaient de l'emporter, sous ses ruines — ce qui arracha cette parole admirative à Mustapha-Pacha : « Cet homme était bien de la race des Francs ! »

Le panache, enfin, c'est toute l'épopée révolutionnaire, depuis les volontaires de Valmy jusqu'au dernier carré de la vieille garde, avec Cambronne à Waterloo. Et c'est aussi la Défense Nationale en 1870-71, lorsque, après la perte de ses armées, la France meurtrie, qui semblait presque mortellement blessée, eut la force suprême, le cran admirable de résister à l'envahisseur pendant un hiver terrible et d'arracher au monde entier cette exclamation inouïe jusque-là : « Gloire aux vaincus ! »

La guerre mondiale actuelle qui, par sa prodigieuse étendue, ses proportions démesurées, le nombre des armées géantes qui s'entrechoquent, les effroyables moyens de destruction employés, domine de très haut toutes les guerres antérieures, a extraordinairement augmenté les dimensions de notre panache. Elle a duré déjà bien plus de mille et un jours et de mille et une nuits, et les tragiques merveilles qu'elle nous a permis d'accumuler dépassent tout ce que l'imagination des conteurs avait pu auparavant inventer.

Dès le début, luisent d'un éclat magnifique les couleurs de notre panache national. Et pourtant plus de plumet, plus de cocarde, plus de galons, plus de décorations brillantes, plus d'uniformes aux teintes rutilantes. Il faut supprimer aussi radicalement que possible les points de mire, remplacer le képi rouge par le casque bleuté, le pantalon garance par le bleu horizon, noyer dans les tonalités qui s'effacent les costumes et les insignes susceptibles de servir de cible. Donc, abolition complète du panache extérieur. Mais, dans les âmes, dans les gestes, quelle compensation intense !

C'est Joffre, lançant à nos armées en retraite cet ordre du jour qui opéra le rétablissement de notre front, le 6 septembre 1914, à la veille du « miracle de la Marne » :

« Au moment où s'engage une bataille dont

« dépend le salut du pays, il importe de rappeler
« à tous que le moment n'est plus de regarder en
« arrière; tous les efforts doivent être employés
« à attaquer et refouler l'ennemi. Une troupe qui
« ne peut plus avancer devra, coûte que coûte,
« garder le terrain conquis *et se faire tuer sur*
« *place plutôt que de reculer.* Dans les circons-
« tances actuelles *aucune défaillance ne peut être*
« *tolérée.* » Héroïque appel, auquel les héros ont
dignement répondu !

C'est Gallieni, nommé Gouverneur Militaire
de Paris, à l'heure angoissante où les flots du ger-
manisme débordé, furieux, déferlaient vers Paris,
atteignaient presque les murailles sacrées..... Le
nouveau chef, impassible, lance aussitôt cette pro-
clamation immortelle :

« Habitants de Paris, j'ai reçu le mandat
« de défendre Paris contre l'envahisseur. Ce
« mandat, je le remplirai *jusqu'au bout!* »

C'était court — mais d'une grandeur infinie.

Tous ceux qui ont vécu ces instants indici-
blement dramatiques, se rappellent l'effet immense produit par ces quelques mots, par ce « jusqu'au bout » si simple et si fier, qui suffit à raffermir les cœurs. — On comprit que l'élan des hordes teutonnes avait rencontré sa barrière; on

éprouva un soulagement avant-coureur immédiat des libératrices victoires de l'Ourcq et de la Marne.

Puis c'est Foch, vers le centre de l'énorme bataille, aux prises avec des forces insolentes et farouches, apparemment supérieures, face à la fameuse garde prussienne, réputée invincible. Il téléphone au généralissime : « Je suis enfoncé à « droite, je suis enfoncé à gauche, *je fonce au* « *milieu!* » Et il fonça si bien, que la garde prussienne fut bousculée et détruite dans les marais de Saint-Gond ! Et ce fut un des exploits qui décidèrent notre victoire de laquelle dépendait le salut de la France et du monde (10 septembre 1914).

Pendant trois jours, le sort des armes était demeuré indécis; il fut un moment où les soldats de Foch — serrés à gauche par les bandes épaisses de von Bulow, écrasés au centre par l'artillerie lourde à laquelle nous ne pouvions pas encore, avec notre type unique de 75, riposter à égalité, repoussés de divers postes à droite, par les corps d'élite de von Hauser — étaient en échec. A ce moment suprême, Foch déclare, plein d'une confiance inspirée : « Puisque l'ennemi s'évertue « à nous enfoncer avec cette furie, *c'est qu'ail-* « *leurs ses affaires vont mal* et qu'il cherche une

« compensation. » Et pénétré de cette intuition fatidique, géniale, il s'écrie, malgré le danger, au sein de l'horrible tempête : « *La*^e *situation est* « *excellente !* J'ordonne à nouveau de reprendre « vigoureusemenet l'offensive ! »

Foch avait deviné ce qui se passait à gauche, sur le gigantesque front de l'incomparable bataille où l'offensive ordonnée par Gallieni et dirigée par Maunoury, vers l'Ourcq, déterminait à cet instant même, le 8 septembre 1914 (date inoubliable), la déroute de von Kluck. — Et, le même jour, à notre extrême droite, Guillaume assistait au refoulement sanglant de ses légions infernales devant le Grand Couronné de Nancy, au nord de la forêt de Champenoux. Le sort était fixé.

Les timons des chariots des modernes Barbares se retournaient vers le septentrion assombri, d'où les Boches avaient cru se ruer sur nous en conquérants irrésistibles ! Oui, Foch avait raison : « Situation excellente ! »...

Les grandes paroles, comme les grandes pensées, viennent du cœur. Et elles contribuent à former le panache de la gloire.

Ce fut une inspiration analogue qui fit dire par Jourdan, pendant une phase critique de la bataille de Fleurus, le 26 juin 1794 : « Point de retraite aujourd'hui ! »

Sans l'infâme trahison de Bazaine, la noble parole de Canrobet soutenant, isolé, sans appui, avec une fermeté indomptable, à Saint-Privat, le choc désespéré de masses allemandes : « Tout va bien ! » aurait été justifiée et, le 18 août 1870, à cinq heures du soir, l'armée des Teutons aurait été précipitée dans la Moselle. Le courage n'est pas toujours heureux : le succès ne le couronne pas invariablement. Mais le panache lui reste — en attendant la revanche de l'immanente justice.

Cette revanche arrive enfin pour nous. Elle claironne sûrement dans la splendide affirmation lancée par Pétain, l'an dernier, devant Verdun, à ses héros barrant la route aux Boches dont nous écrasions les vagues successives, profondes, forcenées : « On les aura ! »

Au verbe et au geste des grands chefs correspondent d'ailleurs, dans un émouvant et puissant unisson, la voix et les actes de leurs vaillants subordonnés, officiers et soldats, durant le cours glorieux de notre présente épopée.

Voici la consigne donnée par un commandant placé avec son bataillon dans une situation des plus périlleuses :

« Avoir le sourire ! »

Quelques minutes plus tard, ce brave tombait et expirait, le sourire aux lèvres. Ses soldats pleuraient autour de son cadavre rayonnant: mais ils surent le venger.

Une troupe est surprise dans une tranchée et mitraillée; la plupart des hommes gisent sur le sol ensanglanté. — Cette tranchée est devenue un tombeau. Les Allemands semblent maîtres de ce lieu funèbre. — Soudain, un cri farouche retentit :

« Debout, les morts ! »

C'est un des nôtres qui l'a poussé, ce cri étrange, follement héroïque. Et les morts, morts à demi en effet, se relèvent. Ces fantômes ressaisissent leurs armes, se précipitent contre les ennemis qui s'effarent et se sauvent. La tranchée est reconquise. — Les morts ont ressuscité, ils sont debout et vainqueurs. Prodige de la volonté, de la vaillance !

Le panache de la race est plus fort que la mort...

***

Le 17 février 1917, le paquebot *Athos* fut torpillé et coulé, dans la Méditerranée. Il venait d'Extrême-Orient où il avait embarqué des coolies chinois, sous les ordres d'un capitaine français assisté par des chefs de file et des interprètes. Quand se produisit la catastrophe, les coolies furent les premiers sauvés, par les Français qui les conduisaient et qui eurent à peine le temps d'accomplir ce sauvetage avant d'être engloutis par les flots.

Sur l'*Athos*, il y avait trois prisonniers allemands; ils furent sauvés par un sous-officier français qui alla ouvrir leurs cabines, et coula au fond après avoir ouvert la troisième.

Ce bateau transportait aussi un bataillon de tirailleurs sénégalais. Le commandant Colonna d'Istria, avec ses officiers, assura le sauvetage du plus grand nombre possible des soldats noirs, loyaux serviteurs de la France. Plusieurs pourtant ne purent pas être embarqués dans les canots ou sur les radeaux. Ils restèrent avec les chefs sur le gouffre liquide, et s'enfoncèrent peu à peu: le commandant d'Istria les fit mettre alors en rang, et, au moment où l'abîme allait les ensevelir, commanda : « Présentez armes ! » Et tous ces braves disparurent avec leurs officiers, sous les vagues, impassibles, en position de parade, présentant les armes au drapeau français.

Rappelez-vous le nom de l'*Athos*. Ce navire doit garder dans nos mémoires un sûr asile, abrité par un panache impérissable.

Le 23 janvier 1917, au large de nos côtes bretonnes, un pirate sous-marin allemand coula un vapeur norvégien.

C'était au plus fort de ce dur hiver. Le vent glacial soufflait sur les ondes embrumées. Perdus sur l'Océan redoutable, dans le froid et le brouillard, sept naufragés, — la moitié seulement de l'équipage de l'*Immer* — s'étaient réfugiés dans une baleinière et flottaient, lamentable bouée, près de succomber par l'épuisement de toute force physique et morale. Cette agonie se prolongea pendant plus de quatre-vingts heures de cauchemar.

Puis, soudain, le 26 janvier, après-midi, apparaît un bâtiment sauveur. C'est un canot qui vient de l'île d'Yeu. Il est monté par des vieillards et des infirmes : la population jeune et valide de nos côtes bretonnes n'est plus là! Le sémaphore de la pointe du Butte a signalé une embarcation en détresse. Cela suffit. Malgré l'horrible état de la mer, il faut aller au secours... Et nos braves vétérans marins se sont dévoués.

La baleinière, l'épave est accostée; vite on recueille les Norvégiens, les victimes des pirates boches, on les réchauffe avec des gorgées de rhum; on apaise leur faim avec des biscuits, et l'on vogue vers l'île d'Yeu. C'est le salut!

Mais voici que le vent redouble de rage et tourbillonne. Le courant de marée est violent, insurmontable. Impossible d'avancer, de se diriger. Le mieux est d'essayer d'attendre un flot qui ramènera à Port-Breton et, pour cela, de mouiller au large.

Allons, le malheur diabolique s'en mêle : le câble de mouillage casse!... Il n'y a plus qu'à fuir.

On secoue l'engourdissement que cause la bise hivernale; on saisit les avirons, on lutte avec une énergie fiévreuse pour atteindre Belle-Ile. Mais on est encerclé par une tempête de neige, qui jette comme un linceul épais autour de la petite embarcation, où des râles plaintifs, sinistres, commencent à se faire entendre... C'est que les malheureux, enfermés dans ce flottant sépulcre, expirent, à bout de résistance, glacés jusqu'aux moëlles, les uns après les autres...

Le vent augmente de fureur. Il n'y a pas plus à espérer d'aborder à Belle-Ile qu'à Port-Breton. La nuit succède au jour — nuit mortelle! Puis le jour succède à la nuit — jour mortel! Encore une nuit! Le canot flotte toujours, dans la tourmente. Quelques ombres humaines consacrent leurs ultimes crispations à manœuvrer la voile, pour que le vent, qui a bien voulu se calmer un peu, au matin blafard, porte l'embarcation vers la presqu'île de Raguenès. Ces infortunés, qui se débattent depuis tant d'heures contre la mort, sont encombrés par ceux qu'elle a frappés déjà et dont s'entassent les corps gelés dans cet espace étroit; il ne reste plus que dix êtres vivants et dans quel état! — Cinq des marins norvégiens de l'*Immer* et six de leurs sauveteurs français ont péri. Le canot est finalement en sûreté; une famille qui habite sur la côte de Raguenès s'empresse autour des rescapés, après avoir facilité leur atterrissage. — Mais que de deuils!

Pour sauver sept marins norvégiens condamnés à mort lâchement par la barbarie allemande, six marins français avaient succombé, d'une manière affreuse, et ce drame macabre marquait le contraste saisissant qui sépare la ténébreuse race de proie qu'est l'Allemagne, et la lumineuse race de dévouement à l'humanité — que nous sommes.

Le ministre de Norvège en France a fait parvenir aux sauveteurs survivants l'expression de la reconnaissance émue de son gouvernement et l'assurance aux familles des marins tombés victimes de leur héroïsme de la part sincère que tout le peuple norvégien prend à leurs deuils. A cet hommage posthume s'est ajoutée l'adhésion du monde civilisé. Les sauveteurs de l'île d'Yeu ont mis un plumet de plus au panache de la marine française.

****

Il y a dans la langue des « poilus » un mot qui exprime le tempérament fier, prompt à la réplique, toujours prêt à rebondir sous l'attaque, à braver le danger, à courir tous les risques qu'impose le culte du point d'honneur. C'est le caractère du « ressauteur ».

Voici quelques traits d'un officier qui possède éminemment cette qualité de l'esprit français. Il était tombé, grièvement blessé, sur le champ de bataille, au début de la guerre : un officier de uhlans, pour l'achever, lui tira trois balles de revolver, à bout portant, sans l'atteindre, chose inouïe. Notre officier dit simplement à cette brute qui le prenait pour cible et le manquait :

— Vous êtes vraiment bien maladroit !

A l'hôpital berlinois où il fut envoyé, une princesse prussienne, par hasard jolie, vint le voir, curieuse. Il était le premier et unique blessé français entré dans cet hôpital.

— Remarquez, dit la princesse, avec quel soin on vous soigne en Allemagne. Quelle différence avec les abominables procédés qui sont employés à l'égard des Allemands prisonniers en France...

— Comment, riposta le « ressauteur », votre Altesse, qui est jolie comme un cœur, peut-elle, aussi, être mauvaise comme une gale?

Pour le punir de cette saillie, on l'interna dans un camp de prisonniers choisi parmi les pires et qui fut un jour visité par un délégué de l'ambassade d'Espagne, auquel on ne montra, naturellement, que les aménagements à peu près acceptables.

Sur quoi, le noble hidalgo ouvrit une bouche enfarinée et commença :

— Il me semble que vous êtes ici logés...

Notre officier l'interrompit :

— Comme des cochons, Monsieur !

Il fallait en finir avec cet insupportable crâneur. On le dirigea sur Constance, sous prétexte d'examiner s'il devait être interné en Suisse avec les valétudinaires incurables. En réalité, on voulait le soumettre à une inquisition perfide, lui faire subir un interrogatoire qui, vu sa franchise primesautière et indomptée, lui vaudrait le plus dur châtiment.

Et cette question insidieuse lui fut posée :

— Que pensez-vous des officiers allemands ?

On s'apprêtait à noter sa réponse satirique et à lui appliquer aussitôt une peine sévère.

Mais il se souvint qu'il était Gascon, c'est-à-dire Normand et demi, et répliqua :

— Les officiers allemands ? Hé, ma foi, il y en a des uns et des autres... mais plutôt des autres que des uns !

Et les inquisiteurs restèrent interloqués.

Pour sortir d'embarras et ne plus entendre parler de cet enrageant cadet de Cascogne, on l'expédia en Suisse. Sa vaillance, son franc-parler et ses malicieuses boutades, piquant la bête, avaient gagné la partie.

En 1914, nous avons eu le panache de la Marne et de l'Yser.

En 1916, nous avons eu celui de Verdun.

Verdun, ville immortelle, où nos soldats incomparables ont eu le cran qu'il fallait pour soutenir pendant de longs mois la plus formidable ruée de Barbares, la plus effroyable tempête d'artillerie, que l'histoire ait enregistrées!

C'est pourquoi, quand à l'étranger, en Angleterre ou en Amérique, le nom prestigieux de Verdun était prononcé, l'an dernier, dans une assemblée, une réunion quelconque, tout le monde se levait, et la glorieuse ville était acclamée.

Les Chefs des Etats alliés ont attribué à Verdun leurs décorations nationales, que le Président Poincaré lui a remises, dans une solennité inoubliable, le 13 septembre 1916.

Le Président a dit :

« A la ville de Verdun, qui a souffert pour
« la France, à la ville de Verdun qui s'est sacri-
« fiée pour la sainte cause du droit éternel, à la

« ville de Verdun dont les héroïques défenseurs
« auront laissé au monde un exemple impéris-
« sable de grandeur humaine, je remets :

« Au nom de S. M. l'empereur de Russie,
« la croix de Saint-Georges;

« Au nom de S. M. le roi de Grande-Bre-
« tagne et d'Irlande, la Military Cross;

« Au nom de S. M. le roi d'Italie, la mé-
« daille d'or de la Valeur militaire;

« Au nom de S. M. le roi des Belges, la
« croix de Léopold Ier;

« Au nom de S. M. le roi de Serbie et de
« S. A. le prince régent, la médaille d'or de la
« Bravoure militaire;

« Au nom de S. M. le roi de Monténégro,
« la médaille d'or Obilitch;

« Au nom du Gouvernement de la Répu-
« blique, la Croix de la Légion d'Honneur et la
« Croix de Guerre françaises. »

L'empereur du Japon a aussi décerné un sabre d'honneur à la ville de Verdun — qui est la
ville la plus empanachée de la Terre — et le plus
justement.

Une voix autorisée a résumé comme suit le
travail de nos soldats :

« Ces défenseurs de la nation, plus endurcis
« que les légionnaires de Rome et plus tenaces
« que les vétérans de Napoléon, ont tout appris
« par eux-mêmes : tranchées, abris et labyrinthes,
« liaison de l'infanterie avec l'artillerie, yeux de
« l'avion guidant les colosses de feu sur des buts
« invisibles, tirs de barrage écrasant l'arrivée des
« renforts et des réserves, fils de fer immobilisant
« la ruée sous la riposte des mitrailleuses, art de
« se camoufler et de défiler pour surgir à la gre-
« nade, masqués contre les chimies d'en face.
« Toute cette extraordinaire guerre de dessus et
« de dessous terre, guerre d'oiseaux de proie et
« de monstres souterrains où il ne suffit pas d'être
« brave ni même héros, mais où il faut encore
« être immobile dans la bravoure et calculateur
« dans l'héroïsme. »

De pareils guerriers ont accompli des faits
d'armes uniques dans l'histoire militaire, par
exemple la reprise des forts de Douaumont et de
Vaux; car, comme on l'a fait remarquer, « jamais
dans le passé une armée défendant l'enceinte
d'une place de guerre (Verdun, dans ce cas) n'a,
de ses propres forces, rompu le cercle, même le
demi-cercle, tracé par l'assiégeant, et arraché à

celui-ci un fort ou un ouvrage extérieur tombé entre ses mains. »

Le vainqueur de Douaumont, le général Mangin, a été promu grand Officier de la Légion d'Honneur. Le décret était accompagné de cette citation :

« Commandant un groupement de division
« devant Verdun, a préparé et dirigé l'attaque
« du 24 octobre 1916 qui a permis de reprendre
« le fort de Douaumont *en quatre heures* et d'en-
« lever à l'ennemi 6.000 prisonniers, 15 canons
« et un important matériel de guerre. »

Nombreux furent les régiments et les bataillons à qui les luttes de géants, à Verdun, valurent la fourragère. Une mention spéciale doit être faite pour la division Passaga, composée de tous les divers éléments provinciaux et parisiens, sorte de combinaison et de résumé des énergies françaises. On y voit des lignards flamands, gascons, du Morvan, du Centre et de Paris, des chasseurs lorrains, francs-comtois, provençaux, pyrénéens. On y entend tous les jargons, tous les argots, tous les patois. Cette division s'appelle justement « La Gauloise », car toute la Gaule, toute la France y est représentée.

Aussi, quelle crânerie! La théorie y a été mise en couplets clavonnants :

> Quand au parapet grimperas,
> Assure bien ton fourniment.
> La boussole point ne perdras,
> Quand il faut aller de l'avant!

Et ce commandement, où flotte notre panache tricolore :

> Crâne toujours tu seras! —
> Mais reste Français, simplement.

Il va sans dire que les drapeaux et les fanions de la « Gauloise », de la division Passaga, sont ornés de la Croix de Guerre.

Voici l'hommage que le marquis de Crewe, président du Conseil privé d'Angleterre, rendait naguère à nos troupes, visitées par lui en première ligne :

« Quels hommes admirables, et quelle puis-
« sante impression de bravoure, de force et d'en-
« train irrésistibles! Les chefs éminents qui m'ont
« guidé sont à bon droit fiers de commander à
« des hommes de cette trempe, car ils savent
« qu'ils peuvent tout attendre d'eux. Avant ma
« visite au front français, j'avais confiance dans
« la victoire; maintenant, j'en ai la certitude. »

*
**

M. Louis Barthou a raconté l'histoire d'Arthur-Isidore Dumas, béarnais, volontaire à 19 ans, en 1867, blessé à Sedan, lors de la charge de Margueritte, fait prisonnier, évadé, puis prenant part à notre épopée coloniale, dans le Sud Oranais, en Tunisie, au Gabon, à la Côte d'Ivoire, au Soudan, au Maroc. En 1914, il a soixante-dix ans, veut reprendre du service, est refusé pour son âge, va en Belgique, se bat, est fait prisonnier, s'évade, reçoit six blessures à la Marne, où il combat avec le 1ᵉʳ de marche d'Afrique, guérit, puis se retrouve aux Dardanelles, et ensuite vers Salonique, est bousculé par un obus dans la vallée du Vardar, rentre en France avec le grade de capitaine, est à Verdun quand commence l'attaque allemande, reçoit une balle, la traite par le mépris, quelques mois après se rend sur la Somme où la bataille fait rage, a la cuisse traversée comme il monte à l'assaut, à Cléry; pendant que ses hommes l'emportent, il a la tête fracassée par une balle. Ainsi finit Arthur-Isidore Dumas.

Combien n'y en a-t-il pas de pareils, dans nos armées ? « Il est mort, dit sa citation posthume, après une vie d'honneur et de loyauté, le 12 août

1916, pour la France, de la mort qu'il avait toujours rêvée. »

Ce Dumas, dans quelque bataille, avait perdu un œil et, pour cela, adopté deux tenues, comme il disait : en tenue de combat, il était borgne ; en tenue de gala, il mettait un œil de verre. Cela empêchait, parfois, de le reconnaître. Un horloger refusait, un jour, de lui rendre sa montre, car, lorsqu'il l'avait apportée pour la faire réparer, il était en tenue de combat, et, en revenant la chercher, il avait pris sa tenue de gala. Pour convaincre l'horloger, il dut enlever son œil de verre.

Un autre héros, Alain de Rohan-Chabot — treizième duc de Rohan, quinzième prince de Léon, député du Morbihan, et ancien capitaine au 27ᵉ dragons, qu'il avait quitté, *parce qu'il n'y avait pas assez à faire*, pour un bataillon de chasseurs à pied — fut blessé à la retraite de Charleroi (août 1914), blessé encore en défendant Douaumont (février 1916) jusqu'au bout ; mais il ne quitta pas son poste. Cependant, bientôt après, une marmite, explosant près de lui, l'ensevelit sous l'éboulement ; on le déterra, mais il avait le tympan brisé et perdait par une oreille des flots de sang. Sa convalescence ne fut pas longue. Il s'empressa de revenir au combat, cette fois sur la Somme. Et, le 13 juillet, il fut mortellement frappé, à la tête de sa compagnie, en donnant l'assaut au village de Barleux.

Le lieutenant-colonel Driant est mort, devant Verdun, à la lisière d'un bois que ses chasseurs défendaient comme des lions; quand la retraite fut devenue nécessaire, Driant resta, le dernier, comme un capitaine à son bord, et tomba...

Nos ennemis eux-mêmes ont reconnu tant de vaillance. La pangermaniste *Gazette de Voss*, lorsque fut arrêté, vers la fin février 1916, le colossal effort allemand, publia cet aveu : « L'ex-« périence de plus de cent combats nous a mon-« tré avec quel extraordinaire courage les fils de « France attaquent toujours; nous estimons nos « adversaires et apprécions leurs exploits. »

Joffre adressa cet ordre du jour aux défenseurs de Verdun, le 15 mars 1916 :

« Le pays a les yeux sur vous. Vous serez « de ceux dont on dira : Ils ont barré aux Alle-« mands la route de Verdun! »

Et que peuvent faire à de tels hommes les souffrances, les fatigues, la mort même? Ils ont le panache!...

PASSÉ

PRÉSENT

AVENIR

LE PASSE

I

1er avril 1917.

Ayant, pour quatre jours, rouvert le chalet où jadis — avant la guerre — nous vivions depuis avril jusqu'à Noël, j'abattais hier, au calme, la besogne quotidienne. Le chien jappa, puis j'entendis un colloque s'établir entre mon domestique et un paysan :

— M'sieu l'Vouésin est-il là ?

— Je n'en sais rien, répondait Soon.

Ce formulaire m'attira à la fenêtre. Quand il me vit, le paysan me tira un grand salut, ce qui me fit venir à la porte.

— Que disiez-vous ?

— C'est moué, l'père Boisset, M'sieu, j'venais vous inviter à l'enterrement d'mon p'tit-fils.

— Entrez, mon ami. Soon, apporte du vin frais et des biscuits.

Et voilà le père Boisset attablé. Il m'indique l'heure : c'est pour dix heures et demie, demain.

— M'sieur, à votre santé.

— Comment votre petit-fils est il mort?

— Il était en convalescence, M'sieu, et puis, alors qu'on croyait ses blessures guéries, ça l'a pris tout d'un coup et, en une heure, il a défunté.

Ah! c'était un brave enfant! Tenez, M'sieu, voilà sa citation :

« BOISSET (Gaspar-Joseph), Mle 13086,
« Soldat à la 1re Cie du ... Régiment d'Infanterie
« Coloniale : Agent de liaison d'une bravoure
« exceptionnelle. Blessé grièvement, le 5 novem-
« bre 1916, en portant un pli en première ligne,
« sous un feu violent de mitrailleuse, a refusé de
« se laisser évacuer avant d'avoir accompli sa
« mission. »

La démarche me touche; la coutume familiale d'inviter par une visite, au lieu de lancer un billet imprimé de faire-part, est bien; et puis, le petit-fils du père Boisset était un soldat, un de l'arme bleue — un brave.

— J'irai demain à l'enterrement. Comptez-y.

Les verres se choquent, se vident jusqu'au rubis sur l'ongle, s'égouttent néanmoins sur la natte du plancher, et l'on se quitte avec une forte poignée de mains.

C'est pour cela qu'aujourd'hui j'allai aux convoi, service et enterrement du petit Boisset.

II

C'était pour dix heures.

Sous le porche de la grange attenant à la maison mortuaire, une chapelle ardente, sommairement installée; une vague teinture noire; deux chaises sur lesquelles repose le cercueil recouvert du drapeau tricolore; une autre chaise sur laquelle on a déposé le falot de la charrette avec une chandelle allumée et une assiette avec un vert rameau de buis trempant dans l'eau bénite.

Sur le seuil, quand nous arrivons, stationne déjà un quarteron de paysans et de paysannes; les survivants se signent, prennent le rameau de buis et font un geste gauche qui n'a qu'une vague ressemblance avec le rituel signe de la croix.

Arrivent les pompiers pour rendre les honneurs; maigre est le détachement : les forts, les valides sont au front; il n'y a que les vieux, les anciens. Le feu fait bien de se tenir coi, car la phalange ne serait guère de taille à l'affronter.

Survient le clergé : galopins du pays costumés en enfants de chœur; les soutanes noires leur viennent au-dessus du genou et laissent voir des pantalons multicolores; les surplis ne leur descendent pas au nombril et ont un lien de parenté très certain avec des camisoles de femme; les chantres sont graves et prennent au sérieux leurs fonctions sacerdotales. Dans le premier, je reconnais le charron; le second est un maçon; les autres sont des cultivateurs. Le *la* leur est donné par un serpent — l'expression s'emploie aussi bien pour l'homme que pour l'instrument; enfin, le curé vêtu de la chape et coiffé de la barrette.

La levée du corps est faite; des paysans en habit des dimanches enlèvent le cercueil et le portent à bras; c'est aux voisins que, suivant la coutume, revient cet honneur. En ma qualité de nouveau, l'on m'a dispensé de « l'honneur »; je le regrette, car je le trouve très moral et très touchant, cet usage.

Quatre cordons de poêle sont tenus par de vieux pompiers. Le cortège se forme; six pompiers, trois à droite, trois à gauche, escortent le cercueil.

Suivront la famille, les hommes, puis les femmes; les vieilles ont revêtu leurs caracos de deuil dont la dissemblance de forme et d'ornement tend à indiquer la date et l'époque du deuil de famille qui en a décidé l'acquisition. Elles sont coiffées de l'antique coiffe de linge et de dentelles qui jadis était la coiffure locale. En cela, elles sont plus intelligentes que leurs filles et leurs petites-filles, dont le chef est orné de chapeaux qui ne dépareraient pas la pacotille d'un explorateur au Soudan.

On part. En route, le cortège grossit : de chaque porte sort un homme ou une femme, de chaque ruelle débouchent des amis. C'est la vivante image d'un fleuve : nous sommes partis ruisselet, à quelques pas plus loin nous devenons ruisseau, à la première rue perpendiculaire, rivière, et, lorsque nous débouchons sur la place de l'église, nous sommes un fleuve humain.

Jolie cette place de l'église ; la ruelle qui y amène est une impasse : est-ce encore une image ? Avant, le village s'épanouissait en éventail avec ses routes, ses rues et ses ruelles où court la vie ; ici, on aboutit à l'église et au cimetière et on n'en peut sortir. C'est bien la fin. L'église et le cimetière sont sur un bastidon dominant le val et la Seine ; au loin, en avant, s'étend à perte de vue la forêt et, sur les côtés, s'étalent les coteaux jaunis de moissons, rougis de vignes et verdis de prairies. Autant il me semble bon de vivre dans le village, autant je me plais à penser que je pourrais reposer un jour dans ce cimetière agreste.

Nous entrons à l'église. Ce n'est pas le moment de décrire l'architecture de ce très curieux monument; je suis empoigné par la simplicité solennelle de la cérémonie religieuse, et, si mon recueillement peut être troublé, ce n'est que par les gestes des hommes qui m'entourent.

J'aime les pratiques du culte catholique aux champs; elles y sont dignes, simples et grandes. Elles prêtent à la méditation. Celles du clergé de Paris sont grandioses, pompeuses, mondaines, et rendent moins facile la toute sincérité dans la prière. D'ailleurs, les assistants ont ici une dignité, un respect des traditions que devraient bien imiter nos habitants de la capitale.

Le paysan, par sa tenue à l'église, par son observation des usages, revêt une dignité grave et simple, gagnée à la communion quotidienne avec la nature. On se demande naturellement ce que seraient ces hommes dans un salon, si les usages mondains leur avaient été enseignés : ils auraient certainement une allure plus noble que les snobs qui, gourmés, confondent la raideur et la morgue avec la vraie distinction de caractère et la tenue.

Cependant que l'office se déroule, mon voisin tire sa tabatière et offre une prise à l'entour; je le froisserais sans doute en refusant; j'en suis quitte pour laisser tomber les grains de tabac dans ma barbe.

Enfin, l'absoute est donnée, et le cercueil du petit soldat est conduit au Champ de repos.

Les hommes, dans le court trajet, parlent des blés et des vignes, des cerises à venir... A cinq dizaines de kilomètres, le canon crache, le sang coule, la mort fauche : ici c'est la Vie qui ensemence. Quelle puissante philosophie et quelle sagesse !

L'eau bénite est jetée. Le petit Boisset est recouvert de terre...

Dors, petit Boisset, tu es déjà le Passé !

Les cloches sonnent leur dernier salut au héros...

Les cloches... les cloches d'Herblay, quel souvenir elles éveillent en mon âme !

LE PRESENT

En rentrant du cimetière, je trouvai le courrier :

Au *Journal Officiel*, l'émouvant discours de Chéron flagellant la Race puante, la Race à jamais maudite, la Race des domestiques de Guillaume de Hohenzollern.

Ce discours fut affiché : ce n'est pas assez. Chaque Français doit, dans les archives de famille, en classer soigneusement un exemplaire.

Notez bien :

Journal Officiel du 1ᵉʳ Avril 1917

SÉNAT

Session ordinaire de 1917.

COMPTE RENDU IN EXTENSO. — 26ᵉ SÉANCE

Séance du samedi 31 mars.

SOMMAIRE

1. — Procès-verbal.
2..............................

3..
4..
....

5. — Dépôt d'une proposition de résolution de MM. Cuvinot, Reynald, Hervey,
Léon Mougeot, Eugène Mir, Henry Chéron, Magny, Galup, Servant et Sauvan,
dénonçant les actes criminels commis
par l'ennemi dans les régions de la
France qu'il a occupées.

Déclaration de l'urgence.
Renvoi à la commission relative aux
dommages causés par les faits de guerre.
Discussion :
M. Henry Chéron, rapporteur de la com_
mission.
Vote de l'affichage du discours de
M. Henry Chéron.
M. René Viviani, garde des sceaux, mi-
nistre de la justice.
Vote de l'affichage du discours de M. le
garde des sceaux.
M. Etienne Flandin.
Adoption de la proposition de résolu_
tion.
....
....
....
....

PRÉSIDENCE DE M. ANTONIN DUBOST

La séance est ouverte à trois heures et
demie.

1

....

2

....

3

....

4

....
....

5. — DÉPOT ET DISCUSSION D'UNE PROPOSITION DE RÉSOLUTION

M. le président. J'ai reçu de MM. Cuvinot, Reynald, Hervey, Henry Chéron, Magny, Eugène Mir, Mougeot, Galup, Servant et Sauvan, une proposition de résolution dénonçant les actes criminels commis par l'ennemi dans les régions de la France qu'il a occupées.

Elle est ainsi conçue :

« Le Sénat,

« Dénonçant au monde civilisé les actes criminels accomplis par les Allemands dans les régions de la France par eux occupées, crimes contre la propriété privée, contre les édifices publics, contre l'honneur, la liberté et la vie des persones;

« Constatant que ces actes de violence inouïe ont été perpétrés sans l'excuse d'aucune nécessité militaire et au mépris systématique de la convention internationale du 18 octobre 1907, ratifiée par les représentants de l'empire allemand;

« Voue à la malédiction universelle les auteurs de ces forfaits, dont la justice exige que soit assurée la répression. (*Applaudissements.*)

« Salue avec respect ceux qui en ont été les victimes et auxquels la nation promet solennellement, en s'en portant caution, qu'ils en obtiendront réparation intégrale par l'ennemi (*Très bien!*);

« Affirme plus que jamais la volonté de la France, soutenue par ses admirables soldats et d'accord avec les peuples alliés, de poursuivre la lutte qui lui a été imposée jusqu'à l'écrasement définitif de l'impérialisme et du militarisme allemands, responsables de toutes les misères, de toutes les ruines et de tous les deuils accumulés sur le monde. » (*Très bien! très bien! et applaudissements unanimes.*)

Aux termes du règlement, je dois consulter le Sénat sur l'urgence qui est de-

mandée ainsi que le renvoi de la proposition à la commission relative aux dommages causés par les faits de guerre.

Je mets aux voix l'urgence.

(L'urgence est déclarée.)

M. le président. S'il n'y a pas d'opposition, la proposition de résolution est ren-
voyée à la commission relative aux dommages causés par les faits de guerre. (*Assentiment.*)

La parole est à M. Chéron, pour faire
connaître ses conclusions.

M. Henry Chéron. Messieurs, au lendemain même du jour où la ténacité et la
vaillance de nos soldats et des soldats des
nations alliées ont imposé à l'ennemi la
retraite de la Somme, digne pendant de
sa défaite de la Marne, votre commission
des dommages de guerre a chargé un certain nombre de ses délégués de visiter les
régions reconquises. Elle entendait s'éclairer ainsi sur les réalités dont vous lui
aviez confié l'examen.

. . . .

. . . .

. . . .

Page 378. — 2ᵉ Colonne :

Quelques jours avant leur départ, ils
ont prétendu que, par ordre de leur empereur, ils devaient tout piller, saccager,
dévaliser. Cet ordre a été ponctuellement
exécuté par le 20ᵉ régiment d'artillerie
lourde, le 38ᵉ d'infanterie et le 6ᵉ chasseurs à pied, sur les ordres du général
Hahn, commandant la 35ᵉ division.

Ce dernier, donnant l'exemple, a fait
enlever le mobilier d'une chambre qu'il
occupait depuis quatre mois. ON A JETÉ
LES CLOCHES DES ÉGLISES DU HAUT
DES CLOCHERS ET LES MORCEAUX
ONT ÉTÉ EXPÉDIÉS EN ALLEMAGNE.

. . . .

. . . .

. . . .

*
**

Ah! qu'ils cassent les cloches, il est encore des cloches en France! Eh mais... le souvenir du cimetière... le son des cloches d'Herblay... mais oui!...

Dans la bibliothèque je trouve un vieux papier. Je l'écrivis il y a vingt ans pour la Plume et l'Epée, lisez...

Entendez-vous... l'Ourcq... la Marne... l'Yser... la Champagne... Verdun?

Voyez-vous... l'oiseau migrateur qui cherche à regagner son nid?

Lisez :

LES CLOCHES

Herblay, avril 1897.

Les cloches partent pour Rome! C'était le Jeudi Saint et le samedi précédant Pâques. Enfants, nous attendions leur retour, car elles revenaient chargées de présents.

Quelle poétique et innocente légende! Nos père enfantelets s'en étaient réjouis et, par tradition, nous la transmettaient. C'était de la joie, c'était un grain d'idéal qu'ils semaient en nos jeunes cerveaux.

Et, plus tard, lorsque la croyance en de simples fictions s'évapora de notre cœur au souffle trop ardent de la réalité, comme la fleur irrisée se sèche sur le fruit aux trop brûlants rayons de soleil, il nous resta toujours un respect pour les cloches amies de notre enfance.

D'ailleurs, elles n'appartiennent point à une religion exclusive, les cloches. Qu'elles sonnent au clocher d'une église ou d'un temple, ce n'est que leur son qui nous charme. Comme leur pur métal purifié par le feu unit dans son bronze sacré les métaux les plus divers, leur voix semble fondre en une seule toutes les croyances inventées par les hommes pour n'en faire qu'une seule, grandiose et poétique : celle du Dieu universel.

Depuis longtemps, hélas! les jeudis et les samedis saints reviennent sans me ramener la croyance; je ne jouis plus ces jours-là que de la joie de mes enfants auxquels j'ai transmis la tradition que m'avait enseignée mon père, la légende poétique et innocente du voyage des cloches.

Je ne pensais plus jouir moi-même de cette douce fiction. Il ne faut jurer de rien cependant, je viens d'en avoir l'agréable preuve, car j'ai été et suis encore ému par des cloches que j'ai vues et entendues hier revenir à leur clocher.

Elles étaient parties il y a plus de cent ans : jugez si leur retour fait événement!

C'est dans un tout petit village des environs de Paris, perdu à la lisière d'une forêt, où j'ai dû me réfugier — fuyant Paris parce que s'y mourait mon plus jeune enfant — que je viens d'éprouver cette jeune et rajeunissante impression.

Il y a cent ans, la patrie était en danger, l'ennemi était aux frontières, nos coffres étaient à sec, nos arsenaux vides; mais la race indomptable se dressa, les femmes donnèrent à la patrie leurs fils et leurs maris, les pauvres versèrent leur sang, les riches jetèrent leur or, les prêtres donnèrent les cloches de leurs églises pour fondre des canons.

C'est ainsi que le curé de notre petit village donna, sur les quatre qu'il avait, trois de ses cloches; il en gardait une pour sonner le tocsin si nous étions vaincus, ou pour sonner le *Te Deum* si nous étions vainqueurs.

La pauvre cloche restée seule eut fort à faire, car ses compagnes devenues canons crachèrent de leur airain sacré, pour la plus grande gloire du Dieu des batailles, de telles bordées de boulets et de mitraille qu'elles ouvrirent les portes de toutes les capitales de l'Europe aux Français triomphants.

Elle sonna tant et si fort pour porter par delà la forêt la clameur des victoires de ses sœurs qui furent de toutes les fêtes, depuis Fleurus et Wattignies jusqu'à Arcole, Rivoli et Marengo, qui tonnèrent l'*Angelus* à Austerlitz, à Iéna, à Friedland et à Wagram et le salut de l'armée à Saragosse, elle sonna si bien, la sœur restée au clocher du village, qu'elle laissa dans le pays le souvenir ineffaçable de la gloire de l'épopée française.

Hélas! tout a une fin : nous avions fatigué la victoire, elle nous quitta... Mais c'est un oiseau migrateur de haut vol; son nid nous est resté en France et elle y reviendra un jour, nous le croyons, nous voulons le croire, il faut que nous le croyons, car c'est la vérité.

Seule, la pauvre cloche tintait tristement. Les habitants du village la fondirent, pour, de son métal, tirer deux cloches.

A elles deux, les nouvelles cloches se mirent bien quelquefois en branle pour carillonner Inkermann et Sébastopol, Solférino et Magenta, Zaatcha et Constantine; mais leurs sœurs n'étaient plus de la partie et le duo fut sans suite.

Elles eurent la douleur, après les gais carillons, de sonner le tocsin quand les Allemands envahirent le pays et vinrent souiller le sol de leur village.

Depuis, peu de joies pour les consoler de leur deuil : Fou-Tchéou!...? Elles attendaient. Mais comme elles savent que la race veut se relever et que de grandes victoires viendront un jour empourprer l'horizon de la France et redorer son blason, elles se désolaient de leur médiocrité.

Comment, à elles deux, pauvrettes, auraient-elles assez de force pour sonner plus fort qu'aux jours de deuil?...

Or, un habitant du pays, poète et musicien, perdit il y a peu de temps sa femme et sa fille. Son deuil fut cruel et sa peine inconsolable. Son culte pour les chères disparues s'ingéniait en de pieuses inventions pour faire envoler vers les âmes des mortes la plainte de son âme blessée. La Providence, qui veillait sur le clocher du village et voulait que le carillon fût prêt pour les jours de victoire, suggéra à son cœur de poète que de nouvelles cloches fondues par lui pourraient élever jusqu'au ciel ses plaintes d'amour pour sa femme et sa fille.

Voilà pourquoi, hier, on fêtait au village le retour des cloches parties il y a plus de cent ans.

Placées au chœur de l'église, elles étaient revêtues de virginaux atours de dentelles et de rubans blancs, et leur baptême fut une fête pour tous.

Les orgues étaient tenues par un maître; les chanteurs les plus célèbres, les violonistes et les harpistes les plus talentueux étaient accourus de Paris pour donner le *la* aux néophytes.

Perdu dans la foule, je me sentais pénétré

de la plus douce émotion. L'illusion envahissait mon cerveau et permettait à mon cœur de croire pour un instant qu'il était encore enfant, que les cloches immatérielles revenaient, que le père et la mère n'étaient pas disparus et m'enseignaient la poétique et innocente légende.

Modestement caché derrière un pilier, le donateur — le mari et le père inconsolable — tressaillait aussi; il pensait que les cloches allaient parler et porter à ses chères aimées l'élan de son âme.

Les rites du baptême accomplis, le parrain — un glorieux soldat qui vient de rentrer du Soudan, et qui est fils d'un pauvre paysan du pays — aidé de sa commère, la fille du châtelain du village, réunis pour un jour par la plus noble des égalités, fit tinter la grosse cloche. L'illusion, sans doute, vint au cœur du poète musicien et lui apporta la joie de son rêve réalisé.

Pour moi, l'allégresse m'étreignait, car, aux sons graves de l'airain, j'avais cru entendre la voix du canon.

Sonnez, sonnez bientôt, carillonnez, cloches du village! La musique sera belle et aura de l'écho. Il ne vous faut plus que des jours de combat; nous saurons bien ramener au nid qui l'attend l'oiseau

de haut vol que l'on nomme la victoire, et, pour
sa plus grande gloire, j'en jure le dieu des batailles, vous porterez joyeuses et alertes par delà la
forêt la nouvelle du triomphe de la France!

Voilà ce que j'ai retrouvé dans ma bibliothèque d'Herblay, le jour où nous avons repris
Craonne aux Boches.

L'AVENIR

C'est encore un vieux papier qui nous le dicte...

C'est une vieille parole restée inoubliée.

La parole? Celle du Grand Disparu, du Fondateur de la République, du lutteur « Quand Même ».

La parole de Gambetta :

« *N'en parler jamais, y penser toujours.* »

Le papier. — La Déclaration du 17 février 1871, faite à l'assemblée de Bordeaux par les Députés Alsaciens et Lorrains.

L'Avenir, c'est la Revision du Traité de Francfort!

L'Avenir, c'est la Libération de la Lorraine et de l'Alsace!

L'Avenir, c'est le châtiment de l'Allemagne!

DÉCLARATION

Déposée le 17 Février 1871

à L'ASSEMBLÉE DE BORDEAUX

PAR

LES DÉPUTÉS ALSACIENS & LORRAINS

Nous soussignés, citoyens français, choisis et députés par les départements du Bas-Rhin, de la Moselle et de la Meurthe, pour apporter à l'Assemblée Nationale de France l'expression de la volonté unanime des populations de l'Alsace et de la Lorraine, après nous être réunis et en avoir délibéré nous avons résolu d'exposer dans une Déclaration solennelle leurs droits sacrés et inaliénables, afin que l'Assemblée Nationale, la France et l'Europe, ayant sous les yeux les vœux et résolutions de nos commettants, ne puissent consommer ni laisser consommer aucun acte de nature à porter atteinte aux droits dont un mandat ferme nous a confié la garde et la défense.

Déclaration :

I. — L'Alsace et la Lorraine ne veulent pas être aliénées.

Associées depuis plus de deux siècles à la France, dans la bonne comme dans la mauvaise fortune, ces deux provinces, sans cesse exposées aux coups de l'ennemi, se sont constamment sacrifiées pour la grandeur nationale : elles ont scellé de leur sang l'indissoluble pacte qui les rattache à l'unité française. Mises aujourd'hui en question par les prétentions étrangères, elles affirment à travers les obstacles et tous les dangers, sous le joug même de l'envahisseur, leur inébranlable fidélité.

Tous unanimes, les citoyens demeurés dans leurs foyers comme les soldats accourus sous les drapeaux, les uns en votant, les autres en combattant, signifient, à l'Allemagne et au monde, l'immuable volonté de l'Alsace et de la Lorraine de rester françaises.

II. — La France ne peut consentir ni signer la cession de la Lorraine et de l'Alsace.

Elle ne peut pas, sans mettre en péril la continuité de son existence nationale, porter elle-même un coup mortel à sa propre unité en abandonnant ceux qui ont conquis, par deux cents ans de dévouement patriotique, le droit d'être défendus par le pays tout entier, contre les entreprises de la force victorieuse.

Une assemblée, même issue du suffrage universel, ne pourrait invoquer la souveraineté pour couvrir ou ratifier des exigences destructives de l'intégrité nationale. Elle s'arrogerait un droit qui n'appartient même pas au peuple ainsi dans ses comices. Un pareil excès de pouvoir qui aurait pour effet de mutiler la mère commune dévouerait aux justes sévérités de l'histoire ceux qui s'en rendraient coupables.

La France peut subir les coups de la force, elle ne peut en sanctionner les arrêts.

III. — L'Europe ne peut permettre ni ratifier l'abandon de l'Alsace et de la Lorraine.

Gardiennes des règles de la justice et du droit des gens, les nations civilisées ne sauraient rester plus longtemps insensibles au sort de leurs voisines, sous peine d'être à leur tour victimes des attentats qu'elles auraient tolérés. L'Europe moderne ne peut laisser saisir un peuple comme un vil troupeau ; elle ne peut rester sourde aux protestations répétées des populations menacées ; elle doit à sa propre conservation d'interdire de pareils abus de la force. Elle sait, d'ailleurs, que l'unité de la France est, aujourd'hui comme par le passé, une garantie de l'ordre général du monde, une barrière contre l'esprit de conquête et d'invasion.

La paix faite au prix d'une cession de territoire ne serait qu'une trève ruineuse et non une paix définitive. Elle serait pour tous une cause d'agitation intestine, une provocation légitime et permanente à la guerre.

Et quant à nous, Alsaciens et Lorrains, nous serions prêts à recommencer la guerre aujourd'hui, demain, à toute heure, à tout instant.

En résumé, l'Alsace et la Lorraine protestent contre toute cession ; la France ne peut la consentir, l'Europe la sanctionner.

En foi de quoi, nous prenons nos concitoyens de France, les gouvernements et les peuples du monde entier à témoin que nous tenons pour nuls et non avenus tous actes et traités, votes ou plébiscites, qui consentiraient abandon en faveur de l'étranger de tout ou partie de l'Alsace et de la Lorraine.

Nous proclamons par les présentes à jamais inviolable le droit des Alsaciens et des Lorrains de rester membres de la nation française et nous jurons, tant pour nous que pour nos commettants, nos enfants et leurs descendants, de le revendiquer éternellement et par toutes les voies, envers et contre tous les usurpateurs.

L. Chauffour, E. Tachard, Ph. Abert, [illegible], [illegible], E. Keller, Kuss, [illegible], [illegible], [illegible], Alfred Koechlin, V. [illegible], A. Schneegans, [illegible], [illegible], [illegible], [illegible], [illegible], A. Tachard, Th. [illegible], [illegible], Ed. [illegible], Léon Gambetta, Frédéric [illegible], Jules Grosjean.

L'Avenir, c'est le Châtiment : le Peuple le veut!

Le Parlement l'a **décidé!**

Lisez encore le discours de Chéron.

SENAT
SÉANCE DU 31 MARS 1917

. . . .
. . . .
. . . .
. . . .

En vérité, il n'y aurait plus de justice dans le monde (*Nouveaux applaudissements*) si de pareils forfaits, systématiquements accomplis par une nation...

M. Jéonuvrier... et par des individus.

M. Henry Chéron... qui se flattent d'avoir mis à leur service tous les progrès de la science, pouvaient être couverts par l'impunité.

A ces crimes, il faut la triple sanction de la loi internationale, de la loi pénale, et de la victoire du monde civilisé! (*Vifs applaudissements.*)

La sanction de la loi internationale d'abord. Il y a, messieurs, un article de la convention du 18 octobre 1907, que je ne vous ai pas lu encore. Je crois même que cet article a été inséré à la demande de l'Allemagne...

M. Etienne Flandin. C'est exact!

M. Henry Chéron. Il s'agit de l'article 3 de la convention IV qui est ainsi conçu : « La partie belligérante qui violera les dispositions dudit règlement, sera tenue à indemnité s'il y a lieu (*Très bien!*) et sera responsable de tous actes commis par les personnes faisant partie de sa force armée. »

Par conséquent, ils sont responsables matériellement, ils sont responsables pécuniairement, ils payeront! (*Vifs applaudissements.*)

Sans doute, nous ne ferons pas attendre à nos compatriotes, cette réparation. En vertu de la loi de solidarité qui sera prochainement rapportée ici par notre distingué collègue M. Reynald, rapporteur général de la commission des dommages de guerre; vous voudrez leur attribuer largement les indemnités qui leur sont dues, sans procédure tracassière, à plus forte raison, sans exigences irréalisables.

Vous effacerez tout ce que l'argent peut effacer. Mais, finalement, c'est l'ennemi qui payera, parce qu'il est responsable suivant la loi du monde. (*Très bien! très bien!*)

Il faut davantage. Dans notre pays, comme dans tous les pays civilisés, la menace sous condition, les violences envers les personnes, le vol qualifié, la destruction des édifices publics, constituent des délits ou des crimes. Il faut qu'une instruction judiciaire soit ouverte.

M. Guilloteaux. Parfaitement.

M. Henry Chéron... il faut que les coupables soient poursuivis et condamnés.Ils sont défaillants aujourd'hui; mais si jamais, après la guerre, ils se transforment de cambrioleurs en commis-voyageurs... (*Vifs applaudissements.*)

M. Jénouvrier. Il faudra les fusiller.

M. Henry Chéron... et s'ils reviennent sur le sol de la France, alors, nous pourrons leur faire expier leurs crimes.

Un sénateur au centre. Ils n'y manqueront pas.

M. Henry Chéron. Ces crimes, savez-vous comment ils les regrettent? Un de nos honorables collègues, M. Ordinaire, lisait tout à l'heure, dans la *Gazette de Voss*, cette phrase : « Nos troupes sont pleines de joie, de la joie d'avoir fait le mal à autrui. » Toute la mentalité allemande est là.

Vous le voyez, non seulement ils ne se repentent pas des crimes qu'ils ont commis, mais encore ils les proclament, ils s'en vantent! Il faut que la loi pénale les atteigne.

Enfin, messieurs, la sanction nécessaire, celle sans laquelle toutes les autres seraient impossibles, c'est la victoire. (*Vifs applaudissements.*)

Qui pourrait oser parler, maintenant, d'une paix quelconque avec les hommes qui ont ordonné les abominables violences que j'ai relatées ici? (*Très bien! très bien!*)

M. Ournac. Qui donc voudrait leur tendre une main fraternelle?

M. Henry Chéron. Il faut qu'ils soient battus et abattus...

M. Jénouvrier. A genoux!

M. Henry Chéron. Il faut que le militarisme allemand disparaisse sous les ruines qu'il a odieusement accumulées. Quels que soient les efforts nécessaires, les privations à endurer, les sacrifices à consentir, nous ne devrons nous arrêter qu'après la défaite absolue de l'Allemagne. Toute transaction serait une trahison! (*Très bien! très bien! et applaudissements.*)

Pour prendre toutes les résolutions nécessaires, est-ce qu'il ne nous suffit pas d'ailleurs, de regarder autour de nous? C'est le monde entier qui se lève pour nous aider, nous et nos alliés que la liberté enflamme, à défendre la cause du droit et de la civilisation. Toutes les forces morales de l'univers se coalisent pour empêcher que soit étouffé sous la violence tout ce qui est l'honneur et la vie des peuples. Les barbares sont perdus, car ils sont poursuivis et déjà atteints par la malédiction universelle! (*Vifs applaudissements.*)

Messieurs, à l'heure où la justice immanente s'apprête à châtier ceux qui ont plongé dans le deuil tant de millions de familles, si nous avions le besoin, pour accomplir le dernier effort, pour porter le coup décisif et libérateur, d'un sursaut d'énergie, est-ce qu'il ne nous serait pas aisé, de puiser les vertus nécessaires dans le sublime exemple que nous ont donné nos compatriotes des pays envahis? Ah! en vérité, nul n'a plus le droit de se plaindre à l'intérieur. (*Applaudissements.*)

Voix nombreuses. C'est très vrai!

M. Henry Chéron. Nul, qui a conservé sa famille, son foyer, n'a le droit de récriminer contre les petites incommmodités de la guerre, quand d'autres, qui ont vu, sous leurs yeux, détruire leurs maisons, emmener leurs femmes et leurs filles en captivité, sont restés braves et indéfectibles dans l'épreuve. (*Applaudissements unanimes.*)

Nul n'a le plus le droit, sans rougir, de songer aux mesquins profits de la guerre (*Très bien et vifs applaudissements*), quand d'autres ont vu s'écrouler leur fortune et, pendant trois ans, ont, plus souvent qu'à leur tour, souffert de la faim! (*Nouveaux applaudissements.*)

Nul, enfin, ne pourrait, sans honte et sans remords, manquer d'une confiance absolue dans l'issue finale, quand nos compatriotes, qui ont été pendant trente mois en contact avec les monstres, affirment qu'ils chancellent, qu'ils sont épuisés et qu'ils sont battus! (*Vifs applaudissements.*)

Au surplus, et c'est sur ces mots que je termine, s'il se trouvait jamais quelqu'un pour croire au repentir tardif, hypocrite et intéressé de ceux qui ont violé tous les traités et toutes les promesses, pis encore, s'il se trouvait après la guerre des cœurs assez faibles pour oublier que la haine de l'Allemagne est désormais le plus saint des devoirs (*Applaudissements répétés*), que c'est le plus élémentaire hommage qu'on peut rendre à l'humanité, alors nous serions là pour évoquer le spectacle des femmes et des enfants du nord de la France emmenés en captivité à travers les routes et les champs dévastés de leur pays et nous dirions : « Voilà ce qu'ils auraient fait de la France tout entière s'ils l'avaient pu! » (*C'est vrai! Vifs applaudissements.*)

Voilà ce qu'ils feraient d'elle, demain, s'ils le pouvaient!

Mais non, messieurs, il n'y aura aucune défaillance.

Le martyre de nos compatriotes a fait passer dans toutes les âmes un frisson nouveau d'impitoyable justice. Nous irons jusqu'au bout, c'est-à-dire jusqu'à ce que nous puissions, sur les ruines de l'impérialisme et du militarisme allemands, fonder le triomphe de la paix, de la liberté et des droits imprescriptibles de la conscience humaine. (*Vifs applaudissements unanimes et répétés. — L'orateur, en regagnant sa place, reçoit les félicitations d'un grand nombre de ses collègues.*)

Voix nombreuses. Nous demandons l'affichage.

M. le président. Je mets aux voix la proposition d'affichage du discours de M. Henry Chéron.

(L'affichage est ordonné.)

M. le président. Je suis saisi d'une demande de discussion immédiate, signée de vingt membres dont voici les noms : MM. Henry Chéron, Peyronnet, Reymonencq, Surreaux, Cabart-Danneville, Petitjean, Astier, Chastenet, Mir, Peytral, Cuvinot, Ordinaire, Butterlin, Milan, Jénouvrier, Loubet, Milliès-Lacroix, Gabrielli, Flandin et de Tréveneuc.

Je consulte le Sénat sur la discussion immédiate.

(La discussion immédiate est prononcée.)

M. René Viviani, *garde des sceaux, ministre de la justice.* Je demande la parole.

M. le président. La parole est à M. le garde des sceaux dans la discussion générale.

M. René Viviani, *garde des sceaux, ministre de la justice.* Messieurs, M. le président du conseil qui, au lendemain du jour où il prenait possession de ses fonctions, dénonçait devant l'univers civilisé les atrocités allemandes, s'il n'était retenu dans une autre enceinte par les devoirs de sa charge, aurait joint certainement sa voix à la parole éloquente que vous venez d'entendre et de saluer. Au nom du Gouvernement, je viens m'associer aux conclusions que vous avez entendues. Comme vous, messieurs, j'ai écouté ce discours, auquel vous avez réservé, à si juste titre, l'honneur qui lui était dû, puisque, sous la forme la plus sensationnelle que vous avez pu trouver, vous avez voulu le placer tout entier sous les yeux du pays. (*Très bien!*)

J'ai entendu ce discours impressionnant, implacable comme un réquisitoire. Ces vols, ces rapines, ces viols, ces incendies, ces meurtres, ces assassinats ne constituent pas seulement, messieurs, comme on l'a si justement dit, une meurtrissure du droit public, un attentat à l'honneur international : ils constituent des crimes de droit commun (*Applaudissements*) prévus par le code pénal de tous les pays civilisés et auxquels doivent correspondre, avant le verdict de l'histoire, et pour le préparer, des informations précises et adéquates. (*Très bien! très bien !*)... ... ...

Ils dérivent d'ailleurs de cette psychologie médiocre qui a toujours, dans le temps passé, et à l'heure actuelle, oblitéré l'esprit allemand.

Nos ennemis croient qu'en terrorisant le monde ils le réduiront à leur merci. Messieurs, certes, devant une pareille accumulation de crimes, nos consciences se révoltent, mais nos âmes sont inébranlables. (*Très bien ! très bien !*) C'est bien le moins qu'elles restent aussi fermes que celles de nos concitoyens malheureux qui, réduits, pour ainsi dire au rôle de sujets...

Un sénateur... d'esclaves.

M. le garde des sceaux... surveillés et guettés chaque jour, menacés jusque dans leur vie, sont restés indomptables, et, les mains tendues et le cœur vaillant, ont accueilli l'armée libératrice. Nous les saluons dans leurs misères héroïquement supportées pour la patrie.

Notre âme restera inébranlable et nous irons jusqu'au bout. Mais, messieurs, pour aller jusqu'au bout, il faut vaincre. (*Très bien!*) Nous irons jusqu'à la victoire; c'est en elle seulement que seront contenus les châtiments, et c'est par la force militaire que détiennent la France et ses alliés que nous obtiendrons la réparation du droit. (*Vifs applaudissements sur tous les bancs.*)

Voix nombreuses. L'affichage!

M. Couyba. Nous demandons que les éloquentes paroles prononcées au nom du Gouvernement par M. le garde des sceaux soient affichées à la suite de l'émouvant discours de notre collègue M. Henry Chéron.

M. le président. J'entends, messieurs, demander l'affichage du discours de M. le garde des sceaux à la suite de celui de notre collègue M. Henry Chéron.

Je mets aux voix cette proposition.

(L'affichage est ordonné.)

M. le président. La parole est à M. Flandin.

M. Etienne Flandin. J'avais l'intention,

messieurs, d'intervenir dans le débat, mais on ne parle plus après des discours comme ceux que nous venons d'applaudir : on se recueille en restant sous l'impression de ces émouvantes paroles. Je tiens seulement à prendre acte des déclarations qui ont été faites et par M. Henry Chéron et par M. le garde des sceaux sur l'utilité qu'il y aurait à ouvrir immédiatement des informations criminelles dans les territoires libérés de l'ennemi. (*Très bien!*) Nous sommes incontestablement en présence de crimes de droit commun. (*Très bien!*) qui ne sauraient être couverts comme faits de guerre. (*Nouvelle approbation.*)

Ces crimes ont été commis sur notre territoire. Ils sont punis par notre code pénal et par notre code de justice militaire; ils sont flétris par le droit des gens; j'ajoute qu'ils sont également prévus et punis par le code pénal et le code de justice militaire allemands. Donc, à quelque point de vue qu'on se place, nous sommes en droit de mettre en mouvement l'action publique. L'information, en rassemblant tous les éléments de preuves, devra identifier les crimes et les criminels.

Nous aurons ainsi la possibilité, si certains d'entre eux tombent entre nos mains pendant la guerre, de nous appuyer sur des informations régulières et légales pour assurer immédiatement les expiations nécessaires.

Les informations criminelles présenteront un autre avantage. Elles nous permettront, à l'heure du traité de paix, de nous fonder sur une documentation irrécusable pour revendiquer — à trop juste titre, hélas! — le bénéfice de la clause de l'article 3 de la convention de La Haye, que l'honorable M. Chéron rappelait tout à l'heure et que l'initiative même de l'Allemagne a fait insérer dans le règlement des droits et conventions de la guerre.

Au lendemain du crime sans nom commis contre le *Lusitania*, le juge anglais ouvrait son enquête et rendait ce verdict : « Ce crime effroyable viole le droit des gens et les conventions de tous les pays civilisés ». Et il portait contre les officiers du sous-marin allemand, contre l'empereur et contre le gouvernement de l'Allemagne, l'accusation d'assassinat en bloc.

Procédons, nous aussi, à des informations régulières, légales ; formons nos dossiers pour le jour où s'ouvriront enfin les assises de l'humanité. (*Très bien!*) qui apporteront la plus haute leçon de morale et de droit qui ait jamais été donnée au monde, ce qui sera comme la rançon de tant d'opprobre et de sang. (*Approbation.*)

J'attends du gouvernement que la justice soit appelée à accomplir son œuvre, toute son œuvre, et j'ai foi dans l'irrésistible élan de nos armées pour donner promptement à ces décisions force exécutoire. (*Vifs applaudissements.*)....

M. le président. Si personne ne demande plus la parole, je consulte le Sénat sur le passage à la discussion de la proposition de résolution.

Il n'y a pas d'opposition?...

J'en donne lecture :

« Le Sénat,

« Dénonçant au monde civilisé les actes criminels accomplis par les Allemands dans les régions de la France par eux occupées, crimes contre la propriété privée, contre les édifices publics, contre l'honneur, la liberté et la vie des personnes;

« Constatant que ces actes de violence inouïe ont été perpétrés sans l'excuse d'aucune nécessité militaire et au mépris systématique de la convention internationale du 18 octobre 1907, ratifiée par les représentants de l'empire allemand;

« Voue à la malédiction universelle les auteurs de ces forfaits dont la justice exige que soit assurée la répression.

« Salue avec respect ceux qui en ont été les victimes et auxquels la nation promet solennellement, en s'en portant caution, qu'ils en obtiendront réparation intégrale par l'ennemi.

« Affirme plus que jamais la volonté de la France soutenue par ses admirables soldats — et d'accord avec les peuples alliés, — de poursuivre la lutte qui lui a été imposée, jusqu'à l'écrasement définitif de l'impérialisme et du militarisme allemands, responsables de toutes les misères, de toutes les ruines et de tous les deuils accumulés sur le monde! »

Je consulte le Sénat sur la proposition de résolution.

(La proposition de résolution est adoptée.)

M. Léon Mougeot. Comme conclusion des éloquentes paroles que nous venons d'entendre et du vote unanime du Sénat, je demande qu'on affiche la proposition de résolution elle-même. (*Vive approbation.*) . ...

M. le président. Dans ces conditions, à la suite des discours de MM. Henry Chéron et René Viviani, dont le Sénat a ordonné l'affichage, figurerait la résolution que l'Assemblée vient d'adopter à l'unanimité. (*Assentiment général.*)

ASSENTIMENT GÉNÉRAL!

LES LAURIERS

Déjà, dans un geste d'élégance toute latine, le Syndic de Rome, le prince Colonna, est venu jeter aux pieds de la statue de Strasbourg des lauriers cueillis au Capitole.

Et, à son retour à Rome, du haut du Capitole, il a, dans un ardent discours, clamé son admiration pour la Race Française, clamé sa confiance, clamé ses espoirs, clamé nos espoirs communs.

« *Tant qu'il y aura, en France, un homme*
« *à voir ce que j'ai vu, ce Pays, on peut en être*
« *assuré, ne fléchira pas.*

« *A Paris, le deuil des veuves nombreuses*
« *se rencontre à côté de la fière sécurité de la*
« *victoire.* »

Non, ce Pays ne peut fléchir, qui a vu, la main dans la main, les partis jadis les plus opposés brandir la même arme pour voler à la défense du sol natal; ce pays où les femmes en deuil, après trois ans de guerre, voient partir leurs derniers fils et souriantes, du sourire emperlé de pleurs de la mère des Gracques, offrent leurs derniers enfants en holocauste à la Patrie.

Non, la France ne fléchira pas. Elle connaîtra l'ivresse du triomphe; *elle ne s'arrêtera que sur la rive gauche du Rhin.* Elle monte vers les apothéoses!

Dépouillez, frères latins, les arbustes du Capitole de leurs feuillages éternels... Jetez à profusion des gerbes sur les tombes des héros morts, et préparez les lauriers pour ceux qui nous reviendront ayant *réalisé le rêve* :

La Victoire!

POST-FACE

Mon cher Capitaine,

Au mois de septembre 1914, dans ce Paris émouvant, sérieux et grave, tendu vers la victoire, inébranlable dans sa foi, prêt à tout subir pour l'affirmer et la confesser, le nombre des œuvres s'occupant des veuves de soldats n'était point tel qu'à présent et l'on n'affichait point aux portes des chiffres impressionnants de secours distribués avec l'argent des autres. Durant qu'à Bordeaux certains hommes d'Etat organisaient la victoire, d'autres personnes, établies dans des châteaux ou des citées provinciales, attendaient patiemment que les Allemands eussent rebroussé chemin pour rentrer en pleine sécurité à Paris et y reprendre le cours de leurs occupations habituelles — auxquelles, faute de tango, elles se disposaient à joindre quelques intermèdes et à-propos de charité. Pourtant les misères, elles n'attendaient pas. A ce moment, à une pauvre petite œuvre que j'avais fondée pour les femmes avec beaucoup de bonne volonté et peu d'argent, une femme excellente, professeur dans un lycée de filles de Paris, prit l'habitude d'adresser des Veuves de la Guerre, de la part du Capitaine Patté. Qui était le Capitaine Patté, je n'en savais rien, mais je savais qu'il compatisssait aux tristesses humaines et que ses clientes méritaient d'être assistées. Il ne mettait à les choisir aucun parti pris confessionnel ou politique, il portait son aide où l'on en avait besoin, il était consciencieux et informé. Nous vécûmes là-dessus, communiquant par cartes, lettres ou même fiches, durant quelque vingt-huit mois, et plus un matin où il vous plut de m'apporter quelques renseignements confidentiels, vous vîntes me trouver et notre collaboration se rendit plus active, et, j'espère, plus féconde. Nous avons soulagé des misères plus nombreuses et apporté nos efforts pour leur découvrir de plus ingénieuses ressources. C'est ainsi que je vous ai connu, que j'ai été à même d'apprécier votre sensibilité, votre charité et la tendresse que vous portez à ceux qui souffrent.

Nous différons d'opinions sur bien des points et j'en ai trouvé la preuve dans ce livre même où je vous aurais voulu plus juste pour ceux au service desquels je me suis voué. Mais nous tenons fermement à l'union sacrée dès qu'il s'agit d'atténuer des misères héroïquement supportées et de donner une raison d'espérer à des pauvres êtres qu'a terrassés un choc trop brusque et trop violent, les relever, les remettre au Cran.

Est-ce là ce que vous entendez dire par le titre que vous donnez à ces pages, intéressantes et passionnées, toutes pénétrées par l'amour de ceux qui souffrent et par la juste admiration qu'ils vous inspirent?

Je n'ignore pas que, dans l'Argot que cette guerre a créé, le mot Cran a pris des acceptions que mon âge ne m'a point permis de connaître. Alors j'ai cherché et j'ai épuisé les dictionnaires. Je néglige que le Cran est le nom vulgaire du Cochléaria rustique appelé aussi Raifort sauvage; qu'il exprime une « Entaille que l'on fait à un corps dur pour accrocher ou arrêter quelque chose »; qu'il s'applique ainsi à une arbalète, à une crémaillère ou à un rayon de bibliothèque, et que figurément il annonce l'avancement ou la décadence; je ne pense pas que vous ayez voulu parler de « certains replis ou de certaines inégalités que les chevaux ont aux chairs du palais et où l'usage est de les saigner quand ils ont la bouche échauffée », non plus vous n'avez aucun « vaisseau à mettre en cran, c'est-à-dire en carène pour lui donner le radoub »; et toutes les locutions avec leur sens propre : Lâcher d'un cran, se serrer le cran, avoir son cran, faire un cran, être à cran, n'ont qu'un rapport si vague avec votre Cran que j'ai honte de les citer. Peut-être sont-ce des ancêtres dont le nom subsiste bien que la filiation soit interrompue, et des fouilles profondes seules la mettraient au jour. Il est bien possible qu'avoir du Cran signifie être à hauteur des événements quels qu'ils soient, mais n'est-ce pas aussi avoir du panache, un panache qui ne flotte pas, qui, comme les plumets des grognards au temps de la Grande Armée, est enfermé dans un étui de cuir. C'est du panache en puissance et en cuir. Est-ce tout à fait cela, je ne crois pas. Il me paraît que cela se dirait d'un caractère qui domine les événements, qui ne se laisse ni abattre, ni intimider, qui agit, semble-t-il, plutôt par l'exemple, par une expression nette des situations, un geste ou un mot, que par des discours si éloquents soient-ils. Dira-t-on que Murat a du Cran? Non, plutôt Lassalle, plutôt encore Lepic. Voyez la légende de la belle aquarelle de Detaille qui est à Chantilly au musée Condé : Lepic à Eylau. La harangue en dix mots aux Grenadiers à cheval : « Haut les têtes. La mitraille n'est pas de la M... ». « Regardez-moi, dit Lassalle, debout sur des étriers et partant à la charge, regardez-moi, j'ai le C... rond comme une pomme! » Ça c'est le Cran, quelque chose où la blague se mêle à l'héroïsme pour le rendre plus humain, lui enlever ce qu'il pourrait avoir de déclamatoire, le soustraire à la phraséologie oratoire. Avoir du Cran, c'est « ne pas s'épater », ne pas vouloir épater les autres et faire tout de même quelque chose d'épatant. Cela s'oppose à ce qu'on nomme: Bourrer les crânes. C'est tout le contraire de discourir. Tenez, à la Chambre, il y a bien des sièges où s'asseoient des personnages éloquents, influents, ministrables, renverseurs ou édificateurs de cabinets. Ils sont négligeables et il se peut qu'un honnête homme, s'il n'est point un parlementaire, les regarde sans émoi; mais tout honnête homme contemple avec un trouble profond ceux où nul ne s'assied, et que voile un crêpe, ceinturé de tricolore; ceux-là ont du Cran.

Sommes-nous d'accord, mon cher Capitaine?

Frédéric MASSON.

TABLE DES MATIÈRES

Préface.

La Ruée.

    1 Le Pardon 17
    2 Je suis de Metz 22
    3 La Ruée 25

La Race.

    4 La Race 43

Il n'est pas tué. — Il est tué.

    5 Je suis chef de famille 73
    6 Pommes de terre à l'Auvergnate 78
    7 Il n'est pas tué 83
    8 Il est tué 93

Lettres de Femmes.

    9 Nous saurons nous y conformer 101
    10 Mon mari n'était qu'un ouvrier 102
    11 Si leur père était là 111

Six petites filles.

    12 A quoi passent le temps les jeunes filles . . 117
    13 La veuve Million 121
    14 Le beau Dimanche 127
    15 Le Crucifix 131
    16 Six petites filles 135

Femmes d'Officiers.

L'Alsacienne.

    17 L'avenir est rose 145
    18 Croix de Guerre 149

Femmes d'Officiers *(suite)*

La Parisienne.

19 Les roses rouges. 153
20 La joie de vivre 159
21 Tu ne pleureras pas 161

La Lorraine.

22 Que le monde est petit 164
23 Remember 166
24 L'Inconsolable 172
25 Je vous le dis 174

A Reims.

26 Sœur de Charité 179
27 L'Institutrice laïque 186
28 Le journaliste. Les ouvriers 190

Les Prolonges.

29 Les Prolonges 195
30 Historique 200
31 Besoins nouveaux 206
32 Conclusion 211

Le Panache.

33 Le Panache 215

Passé. — Présent. — Avenir.

34 Le Passé 245
35 Le Présent 252
36 Les Cloches 257
37 L'Avenir 264

Les Lauriers.

38 Les Lauriers 277

Post-Face. 281

24507-5-17. — Imp. Lang, Blanchong et Cie 7, r. Rochechouart, Paris.

9 782019 937027